Couverture intérieure manquante

Début d'une série de documents
en couleur

d'Auguste Comte

AU SIÈGE ... LIBRAIRIE ... POSITIVISTE

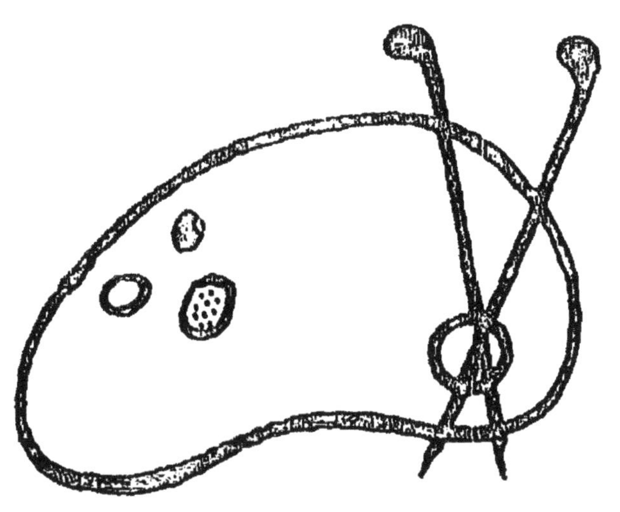

Fin d'une série de documents
en couleur

CORRESPONDANCE

INÉDITE

D'AUGUSTE COMTE

Il a été tiré de cet ouvrage quinze exemplaires sur papier de luxe au prix de 15 francs le volume.

CORRESPONDANCE

INÉDITE

d'Auguste Comte

———

« Vivre au grand jour. »

QUATRIÈME SÉRIE

PARIS

AU SIÈGE DE LA SOCIÉTÉ POSITIVISTE

10, Rue Monsieur-le-Prince, 10

———

i

1904

LETTRES DIVERSES

1824-1857.

A Monsieur CERCLET.

Ce mercredi 4 août 1824.

Monsieur,

Quand vous m'avez prié de vous donner des leçons de mathématiques, j'ai été flatté, je l'avoue, de présenter cette science à un esprit aussi distingué que le vôtre. J'y voyais l'heureuse occasion pour moi d'exposer à ce sujet un grand nombre d'idées philosophiques, qui ne peuvent guère trouver une place convenable dans un enseignement ordinaire. Mais l'inexactitude continue que vous mettez dans cette étude, et qui doit la rendre, pour quelque capacité que ce soit, à peu près infructueuse, a fait disparaître le principal intérêt que je prenais à ces conférences, en me prouvant qu'elles vous en inspireraient fort peu. C'est pourquoi je me trouve, bien malgré moi, Monsieur, dans la fâcheuse obligation de les faire cesser. Je ne parle point de la perte de temps qui en résulte pour moi, parce que ce motif est très secondaire auprès de l'autre.

Agréez, Monsieur, l'assurance de toute la considération de votre dévoué serviteur.

A^{te} COMTE.

P.-S. — Les leçons du mois courant sont, je crois, au nombre de cinq, y compris celles manquées pour lesquelles je n'ai pas été prévenu à temps.

A Monsieur l'Amiral DE ROSAMEL,
Ministre de la Marine.

Paris, le mercredi 17 octobre 1838.

Monsieur le Ministre,

Vous avez bien voulu, dans notre entrevue d'avant-hier, m'adresser l'invitation spéciale de vous soumettre par écrit ma demande motivée en libération immédiate de mon malheureux ami M. de Montgéry. C'est afin de remplir suivant votre désir cette importante condition que j'ai l'honneur de vous exposer sommairement les considérations suivantes, dont je laisse avec une entière confiance à votre sage sollicitude l'équitable appréciation.

J'ai passé avec M. de Montgéry, dans la maison de santé de Saint-Rémy, la journée presque entière du jeudi 27 septembre dernier, et j'ai scrupuleusement consulté, en outre, sur sa situation actuelle et sur les diverses phases antérieures, M. le Dr Mercurin, directeur de cet établissement. Quelque pénible que dût m'être une telle visite, je l'ai prolongée à dessein jusqu'au point d'acquérir une conviction assez complète pour qu'il me devînt possible de la faire partager à ceux dont dépend le sort de mon ami. Le résultat irrécusable de tout ce que j'ai vu et entendu, et des investigations variées auxquelles je me suis expressément livré, a été la démonstration évidente que M. de Montgéry a désormais essentiellement recouvré la plénitude de son état normal. Le symptôme le plus décisif sous le rapport intellectuel, c'est-à-dire la liaison régulière et continue des idées, m'a présenté, pendant tout le cours de cette longue visite, le plus satisfaisant témoignage, soit en ce qui concerne les souvenirs et les sensations récents, soit quant à leur harmonie parfaite avec les impressions anciennes. Je ne crains pas de garantir que tout observateur éclairé, qui passerait quelques heures à scruter attentivement l'état mental de M. de Montgéry, en porterait essentiellement le même jugement final, pour peu qu'il l'eût antérieurement connu. La seule trace d'aberration intellectuelle qui m'ait paru subsister encore, consiste seulement en d'inoffensives illusions de M. de Montgéry sur la prétendue illustration de sa naissance, illusions qui n'exercent d'ailleurs aucune influence, ni sur sa conduite, ni même sur la direction et l'enchaînement de ses idées, et qui, en tous cas, ne sauraient constituer, à aucun titre, un motif suffisant de prolonger sa séquestration. S'il fallait ainsi cloîtrer tous ceux qui, en France, aiment à se repaître encore de semblables chimères, même sous des prétextes moins plausibles, l'ensemble de nos maisons de santé de tous genres serait évidemment insuffisant! Du reste, afin de mieux caractériser le juste degré d'aberration mentale que suppose une telle disposition, je crois devoir noter que le roman de M. de Montgéry, à cet égard, est assez habilement tissu pour que le D' Mercurin lui-même, quelque familier qu'il doive être avec de telles extravagances, ait été conduit à me demander naïvement ce qu'il en fallait réellement penser.

L'ensemble de cette consciencieuse visite, où l'intérêt de la société ne me préoccupait pas moins, j'ose l'assurer, que celui de mon ami, m'a laissé, sous le rapport intellectuel, cette conviction profondément sentie que la société n'a aucun droit de retenir davantage un tel homme, et que, même indépendamment de toute amitié, je ne remplirais qu'un pressant devoir d'honnête homme en poursuivant, de toutes mes forces, sa très prochaine délivrance. Si je l'eusse trouvé en toute autre situation, j'aurais cru devoir me borner à solliciter sa translation immédiate dans une maison de santé de Paris, où la fréquentation et la surveillance de ses amis eussent été, même au plus haut degré de sa maladie, de puissants moyens de régénération, tandis que l'horrible isolement où il a été placé tendait sans doute à prolonger, et même à aggraver son dérangement mental. Mais, dans la véritable situation où je l'ai observé, je dois hautement réclamer l'entière et immédiate libération d'un citoyen qui a désormais autant de droits que personne à la plénitude de sa liberté, pourvu qu'il soit replacé sous la douce et salutaire influence de ses amis.

Sous le rapport moral proprement dit, l'état de

M. de Montgéry n'est pas, au fond, moins satisfaisant que sous le point de vue intellectuel, sauf l'irritation exagérée qu'il éprouve contre ceux qui ont provoqué ou maintenu sa séquestration. Mais ce sentiment n'est-il point excusable, chez un homme d'un aussi impétueux caractère, retenu, sans le mériter désormais, dans une incarcération aussi humiliante, où il est constamment placé sous l'absolue dépendance des agents les plus subalternes, dont la plupart même sont d'anciens aliénés imparfaitement rétablis? Quelques violentes et coupables menaces que lui inspire une telle position, je crois, depuis douze à quinze ans, connaître assez à fond sa nature morale, pour oser garantir, Monsieur le Ministre, que le grand air de la liberté dissipera bientôt ces extravagants projets de vengeance, et que M. de Montgéry sera beaucoup plus occupé de témoigner son ardente reconnaissance à ceux qui l'auront délivré que de manifester sa haine à ceux qu'il regarde comme ses ennemis. En un mot, comme j'ai eu l'honneur de vous le déclarer verbalement, je répondrais volontiers de la modération finale de sa conduite effective (et M. Zédé n'hésiterait point à se joindre à moi), dans les limites générales de son caractère bien connu, c'est-à-dire, ni moins, ni plus qu'avant ce fatal épisode. Toutefois, notre responsabilité demeure évidemment assujettie à cette indispensable restriction, que M. de Montgéry, après sa délivrance, sera ramené chez lui à Paris, sous la portée de notre amicale sollicitude, qui puisse déraciner ou dissiper toute mauvaise pensée au moment même où nous en apercevrions le premier développement. Si, au contraire, il n'était libéré que pour être, par exemple, reconduit à Toulon, en présence de ceux-là mêmes qu'il croit être les premiers auteurs de sa captivité, nous cesserions alors de garantir, en aucune façon, les suites d'une mesure aussi imprudente, qui ne tarderait point vraisemblablement à reproduire une nouvelle et incurable crise.

Je suis heureux, Monsieur le Ministre, que, pour confirmer spontanément mon appréciation directe, la lettre de M. de Montgéry, en date du 9 octobre, que j'ai eu l'honneur de vous lire avant-hier, tout en témoignant de l'extrême irritation que lui cause sa détention prolongée, soit venue fournir une irrécusable manifestation de la parfaite rectitude actuelle de ses opérations mentales. D'après ce seul indice, je n'hésite point à penser que tout médecin éclairé et impartial reconnaîtrait volontiers la justice et la nécessité d'une immédiate délivrance.

Si la séquestration de M. de Montgéry devait encore se prolonger longtemps, je frémis à l'image des affreux malheurs que pourrait causer un homme de cette énergie, poussé à bout par le désespoir. Il a déjà tenté de se détruire, et n'a échoué que par la rupture accidentelle du lien à l'aide duquel il s'était pendu. Mais, s'il est poussé à recommencer une semblable tentative, outre que ses précautions seront plus fatalement assurées, je n'hésite point à penser qu'il essayera d'abord à se venger sur tout ce qui l'entoure. Quelque surveillance qu'on exerce envers lui, il serait impossible sans doute de prévenir entièrement

les horribles extrêmités auxquelles il serait ainsi conduit, et qui pourraient être si sérieusement aggravées
par le concours momentané des natures dérangées,
mais ardentes, dont il est environné ; il ne leur faudrait qu'un tel chef pour commettre, en peu de
temps, d'affreux ravages. Voilà, Monsieur le Ministre,
les terribles conséquences que peut engendrer une
notable prolongation de la séquestration actuelle de
M. de Montgéry ; elles sont malheureusement d'une
imminence beaucoup plus probable (à moins que
préalablement il ne soit enlevé par une nouvelle
attaque d'apoplexie) que les vains projets de récriminations diverses auxquels il pourrait se livrer extérieurement, et dont la plus dangereuse acrimonie
serait certainement dissipée par la seule influence de
sa libération. Entre ces deux responsabilités opposées,
pourriez-vous, Monsieur le Ministre, hésiter davantage à dédaigner la plus faible et la plus vaine comparativement à la plus grave et à la plus réelle ?
Si M. le Directeur de la maison de Saint-Rémy
croyait devoir s'opposer à cette délivrance, il serait
aisé de dissiper l'incertitude que pourrait laisser mon
seul témoignage, en faisant opérer une appréciation
contradictoire par un médecin convenablement choisi,
et, dans cette hypothèse, je me permettrais d'indiquer, au nom de M. de Montgéry, l'honorable
Dᵉ Dubreuil, un des plus éminents professeurs de la
Faculté de médecine de Montpellier, qui remplirait
bien l'indispensable condition préliminaire d'avoir
antérieurement connu M. de Montgéry, et qui, je
n'en doute pas, s'empresserait, sur votre invitation,

d'accomplir une telle mission. Mais un tel contrôle est heureusement superflu, puisque M. le Dr Mercurin est essentiellement d'accord avec moi sur la possibilité et la convenance de cette libération, quoiqu'il ne puisse point en apprécier, aussi complètement que moi, l'urgente nécessité : son bulletin du 1er octobre, postérieur à ma visite, constitue à cet égard un éclatant témoignage qui doit dissiper, ce me semble, toute hésitation sur votre résolution définitive.

Par ces divers motifs, dont je crains d'avoir trop faiblement signalé l'importance au gré de ma conviction, je conclus, Monsieur le Ministre, à demander formellement :

1° Que M. de Montgéry soit immédiatement remis en liberté ;

2° Qu'il soit ramené chez lui, à Paris, suivant le mode que M. Zédé et moi soumettrions ultérieurement à votre approbation.

Dans la triste condition où se trouve nécessairement, en un cas semblable, un homme privé de tout appui de famille, et dont les amis n'ont aucun titre légal pour réclamer directement la liberté, combien ne devons-nous pas, Monsieur le Ministre, nous féliciter hautement que la position sociale de M. de Montgéry l'ait ainsi spontanément placé sous l'heureuse tutelle de l'autorité publique, surtout aussi dignement exercée par un ancien compagnon d'armes ! Un dernier acte de cette bienfaisante fonction vous reste désormais à accomplir, en couronnant cet indispensable office temporaire par l'entière et opportune délivrance de notre malheureux ami..

Daignez agréer, Monsieur le Ministre, l'assurance bien sincère de la respectueuse considération de

Votre dévoué serviteur,

A^{te} COMTE,

Examinateur à l'École polytechnique.
(5, rue d'Ulm, près le Panthéon.)

Lettre à Madame X***.

Lundi, 11 novembre 1839.

Vous pouvez vous dispenser, Madame, de m'envoyer demain un commissionnaire relativement aux cartons de M. de Montgéry. Comment avez-vous pu apprécier assez mal la situation pour penser que je livrerais aussi légèrement un dépôt de cette importance ? Je connais les intentions de mon ami en me confiant ses manuscrits, et je dois tout faire pour qu'elles soient respectées, ce qui exige plusieurs indispensables conditions préliminaires, que vous ne paraissez nullement soupçonner. Quant au papier dont vous me parlez, vous oubliez, Madame, que de *vous* personnellement, je n'ai jamais reçu ou pu recevoir le moindre dépôt, puisque je n'aurais pu consentir à m'en charger. Il s'agit sans doute d'une déclaration de M. de Montgéry à votre égard, qu'il m'a remise *lui-même*, il y a deux ans ; je vous la remettrai (mais à vous seule) quand le moment sera venu.

Je suis revenu depuis un mois, Madame, et j'ai tout lieu de croire, malgré votre billet d'aujourd'hui, que vous ne l'ignoriez pas : je m'étonne donc de votre lenteur, puisque vous n'avez pas d'ailleurs employé le temps à prendre les mesures convenables. Parmi ces indispensables précautions, vous deviez, Madame, mettre en première ligne, comme héritière de M. de Montgéry, l'obligation sacrée de payer son médecin (M. le Dr Pinel-Grandchamp) qui s'est jusqu'ici vainement adressé pour cela au Ministère de la Marine. L'ayant moi-même envoyé chez M. de Montgéry, quoique sur la propre demande de celui-ci, et même de vous, ce me semble, je dois veiller autant que possible à ce que ces soins soient rétribués, et je vous rappelle expressément ce devoir préliminaire.

La répugnance de ma femme envers vous ne s'oppose nullement, Madame, à ce que vous veniez vous expliquer *avec moi* sur ces divers sujets, à l'égard desquels il faut bien que nous nous entendions finalement. Sauf les vendredis et samedis, il est très rare que je ne sois pas chez moi le soir de 7 heures à 9 heures.

J'ai l'honneur de vous saluer.

A. C.

A Monsieur l'Amiral DUPERREY,
Ministre de la Marine.

Paris, le dimanche 15 décembre 1839.

Monsieur le Ministre,

Depuis le renouvellement de la funeste maladie de M. de Montgéry, capitaine de vaisseau, en juillet dernier, M. le D' Pinel-Grandchamp n'a pas cessé de lui donner, quelquefois au péril de sa propre vie, les soins les plus zélés et les plus éclairés, même après que M. de Montgéry eût été transféré dans la maison de santé où il a succombé ; il y a tout lieu de penser que de tels efforts auraient notablement prolongé la vie du malade, si les conseils et les instances de M. le D' Pinel-Grandchamp avaient été mieux accueillis. Aucune réclamation ne saurait donc être plus irrécusable que celle de cet honorable médecin pour le payement d'honoraires aussi légitimes. Néanmoins, les nombreuses démarches qu'il a faites à ce sujet, depuis la mort de M. de Montgéry, auprès de votre Ministère, pour faire acquitter son mémoire sur les diverses sommes qui y sont restées disponibles au compte de cet officier, n'ont pas eu, jusqu'à présent, le moindre succès ; ou plutôt, elles ont occasionné de tels désagréments que M. le D' Pinel-Grandchamp préfère s'exposer à la perte totale de ses honoraires, plutôt que de persister en d'aussi vaines et aussi pénibles poursuites.

En vertu d'une telle situation, je me croirais déjà, Monsieur le Ministre, presque obligé d'honneur, comme le plus intime ami du capitaine Montgéry, à solder, de mes propres deniers, une dette aussi sacrée, afin de ne pas laisser, sur la mémoire de mon ami, une telle souillure, dont je sais que sa délicatesse, bien connue à cet égard, eût été profondément révoltée. Mais je dois, en outre, m'y regarder comme plus spécialement engagé, puisque c'est à ma demande, et sur ma recommandation formelle, que M. le Dr Pinel-Grandchamp a traité M. de Montgéry, qui lui était jusqu'alors inconnu. Quoique habitué, comme médecin du dispensaire, à soigner gratuitement les indigents, ce docteur n'a pas dû s'attendre à se voir frustrer de ses légitimes honoraires, quand je l'envoyai chez un intime ami, officier supérieur de la marine, jouissant d'un traitement considérable. Je me suis donc, Monsieur le Ministre, moralement porté garant d'une telle créance, et je me dispose à la payer effectivement, aussitôt que j'aurai dû renoncer à tout espoir de la faire acquitter par l'Administration de la marine, restée nantie des derniers fonds appartenant à M. de Montgéry.

Après avoir vainement tenté, depuis un mois, de nombreux efforts à ce sujet, j'ai récemment demandé, d'une manière officielle, à M. Zédé, de payer M. le Dr Pinel-Grandchamp sur la somme de 1.200 francs, extraordinairement accordée à titre de frais d'inhumation, et sur laquelle M. Zédé a déjà effectué divers payements comme dépositaire investi à cet égard de votre confiance générale. Cette voie exceptionnelle permettait d'éviter heureusement tous les embarras relatifs aux différentes formalités de la comptabilité administrative. M. Zédé, tout en reconnaissant la parfaite légitimité d'une telle créance, vient de me répondre qu'il ne pouvait employer ainsi une partie de ces fonds sans y être spécialement autorisé, Monsieur le Ministre, par votre ordre formel. C'est pourquoi je me trouve forcé, malgré ma répugnance naturelle, et contre mes habitudes bien connues, de vous importuner maintenant à ce sujet, afin d'obtenir une telle liquidation. Il ne me reste plus d'autre voie pour éviter un injuste sacrifice, sans occasionner à un honnête homme une perte inique par suite de sa confiance en moi. On ne peut, en effet, nullement espérer l'acquittement de cette dette par la succession Montgéry. Il ne paraît exister ici d'autre héritier que Mlle Anna Barbasan, mère de l'enfant naturel laissé par M. de Montgéry. Or, cette femme présente tellement peu de garanties morales que subordonner à sa volonté la créance dont il s'agit, équivaut essentiellement à une renonciation totale.

La seule objection spécieuse que semble comporter, Monsieur le Ministre, la marche que je propose, consiste en ce que la somme de 1.200 francs, confiée à M. Zédé, paraît avoir été surtout destinée à secourir la fille naturelle du capitaine Montgéry, en sorte que la créance de M. Pinel-Grandchamp ne se trouverait ainsi acquittée, dit-on, qu'au détriment de cette malheureuse enfant. Mais d'abord une telle réaction ne sera pas plus réellement évitée si cette créance est imputée sur l'autre partie des fonds relatifs à M. de Montgéry, c'est-à-dire sur son arriéré de traitement; ce que je demande n'est, à vrai dire, qu'un simple transfert, destiné à prévenir les difficultés de comptabilité. La situation de l'enfant n'est aucunement intéressée à un tel échange, à moins qu'on ne prétendît que le médecin ne doit être nullement payé, ce qui ne viendra certes à la pensée de personne. Mais, il y a plus, Monsieur le Ministre : je crois devoir vous avertir franchement, quoique d'une manière simplement incidente, que par suite de circonstances, heureusement exceptionnelles, propres au cas actuel, ce que vous avez cru accorder pour l'enfant ne lui profite en aucune manière. On conçoit aisément, Monsieur le Ministre, votre bienveillante disposition envers cette malheureuse fille, qui ne devrait certes nullement porter la peine du désordre de ses parents. Mais, en réalité, pour que cette respectable charité puisse ici réellement atteindre à sa destination, il eût été préalablement indispensable de soustraire l'enfant, le plus complètement possible, à l'influence d'une personne aussi connue de tous les amis de M. de Montgéry, et surtout de moi, comme mère dénaturée que comme femme déréglée. En quelque lieu que l'enfant eût été placée, fût-ce même dans un hospice, sa position physique n'eût guère pu être plus défavorable, et sa situation morale eût été certes beaucoup moins dangereuse. Sans cet isolement préalable, je suis très convaincu que tout argent destiné à l'enfant ne servira, en réalité, qu'à encourager l'oisiveté et le dérèglement de la mère. En tout autre cas, et si l'enfant avait dû réellement profiter d'un tel sacrifice, j'aurais préféré payer moi-même M. le Dr Pinel-Grandchamp, plutôt que de prolonger davantage des démarches aussi antipathiques à mon caractère ; et ce médecin lui-même se fût alors empressé, je n'en doute pas, de renoncer, du moins en partie, à ses légitimes honoraires, en faveur d'un motif aussi respectable. Mais aucun de ceux qui connaissent bien la situation ne doit ici se sentir disposé à des sacrifices dont tout l'avantage serait finalement absorbé par une personne aussi radicalement indigne de tout intérêt consciencieux.

La réclamation que j'ai l'honneur, Monsieur le Ministre, de soumettre aujourd'hui à votre sagesse personnelle, n'intéresse pas seulement, ce me semble, la mémoire du capitaine Montgéry, qui ne doit pas rester entachée d'un déni de payement, et qui, en effet, ne le sera point puisque en tous cas, au refus final de l'Administration, je suis décidé à payer moi-même. Mais qu'il me soit permis, en terminant, de faire observer que, si cette triste affaire acquérait malheureusement jamais une certaine publicité, une telle issue tendrait peut-être à altérer indirectement la réputation méritée dont jouit, en général, l'honorable corps de la Marine royale, si, en dernier résultat, une dette aussi sacrée, contractée par un de ses officiers supérieurs, ne se trouvait acquittée qu'aux dépens d'un ami étranger dont toute la fortune se réduit à son traitement, tandis que l'Administration resterait cependant nantie de sommes plus que suffisantes pour faire immédiatement honneur à une telle obligation.

Daignez excuser, Monsieur le Ministre, l'inévitable étendue de ces explications indispensables, et agréer l'assurance de la respectueuse considération de

Votre dévoué serviteur,

A^{te} COMTE,

Examinateur pour l'École polytechnique.

(5, rue d'Ulm, près le Panthéon).

A Monsieur CAPTIER père.

Dimanche 22 mars 1846.

Mon cher Monsieur Captier,

Le cordial intérêt que vous m'avez témoigné en tout temps, et spécialement au sujet de l'iniquité dont je fus victime en 1844, me détermine aujourd'hui à vous demander avec franchise un important service.

Vous savez comment j'ai été momentanément dépouillé, il y a environ deux ans, de la moitié d'un revenu qui n'était que suffisant pour l'ensemble de mes dépenses annuelles. Quoique la légitime réparation de cette notoire injustice n'ait pu encore avoir lieu, personne ne doute maintenant qu'elle ne soit prochaine et complète, ou par ma réintégration directe comme examinateur d'admission, ou en me conférant un des deux autres offices polytechniques, pécuniairement presque équivalents, auxquels ma position et mes longs services me donnent des droits prépondérants, c'est-à-dire l'une des deux chaires de hautes mathématiques ou l'une des deux places correspondantes d'examinateur de sortie. La modération rare et difficile que j'ai toujours su garder dans un cas où j'avais tant de motifs d'invoquer le public contre une évidente infamie, m'a graduellement concilié la plupart même des suffrages qui m'étaient d'abord hostiles, outre ce surcroît d'estime et de bienveillance que cette conduite inattendue m'a valu chez tous nos chefs, surtout auprès du Ministre et de ses bureaux, déjà si prononcés pour moi. J'ai donc tout lieu de penser que mes embarras actuels cesseront définitivement lors d'une vacance quelconque dans l'un de ces trois postes polytechniques : on s'accorde à penser, à l'École, que j'obtiendrais alors du Conseil dirigeant une forte majorité. Toute ma difficulté se réduit donc, au fond, à trouver les moyens d'attendre, sans souffrance réelle, une occasion qui ne dépend pas de moi.

Le généreux subside qui m'a été, comme vous savez, si noblement voté par mes amis philosophiques d'Angleterre, au début de cette grave crise personnelle, a pleinement comblé, pendant une première année, le déficit résulté de ma spoliation. Mais cette honorable mesure exceptionnelle est entièrement épuisée depuis environ six mois. C'est ce qui m'oblige à réclamer de votre bienveillance un emprunt de 3.000 francs, dont toutefois le premier tiers m'est seul immédiatement nécessaire : pourvu que je puisse compter sur le second tiers dans le courant de juin, et sur le dernier en septembre, tous mes embarras essentiels se trouveront presque aussi bien prévenus que si je recevais aujourd'hui la somme entière. J'avais d'abord compté pouvoir éviter de tomber ainsi momentanément à la charge de mes amis, en me décidant sans hésitation, malgré la dignité de mon âge et de ma position, à reprendre, comme autrefois, les leçons particulières de mathématiques jusqu'à la pleine réparation officielle de l'iniquité commise envers moi. Mais sept ans de désuétude obligée d'une telle ressource, pendant que j'étais examinateur, m'ont tellement écarté des relations habituelles qu'elle exige, que mes sincères démarches à ce sujet n'ont pu encore avoir assez d'efficacité pour m'éviter à temps la nécessité d'emprunter. Leurs résultats ne serviront donc qu'à me fournir des moyens réguliers d'acquitter graduellement et promptement la dette spéciale que je me trouve ainsi forcé de contracter aujourd'hui, et qui finalement ne constituera, à vrai dire, qu'une sorte d'escompte inévitable de mon plus sûr avenir.

J'espère, mon cher Monsieur Captier, que votre position actuelle vous permettra de me rendre, sans aucun grave dérangement, cet urgent service actuel, dans la mesure et la forme ci-dessus indiquées. En tout cas, croyez que je suis d'avance très convaincu de votre bonne volonté à ce sujet. Trente ans de relations, plus ou moins continues, m'ont donné lieu d'apprécier dignement la loyauté et l'élévation réelles de votre honorable caractère personnel, si exempt des altérations trop souvent attachées aujourd'hui à la vie industrielle.

En attendant votre réponse, je vous prie d'agréer, comme de coutume, les affectueux sentiments de

Votre tout dévoué,

A^{te} COMTE.

Envoi.

A Monsieur CAPTIER fils.

Dimanche 22 mars 1846.

Mon cher Monsieur Captier,

En cas que votre père ne soit pas encore revenu, je vous prie de lui envoyer immédiatement la lettre ci-jointe que je vous adresse ouverte, afin que vous puissiez d'abord en prendre connaissance, comme vous concernant aussi.

Tout à vous,

A^{te} COMTE.

Mes affectueux hommages à Mme Captier.

A Monsieur *CAPTIER fils.*

Samedi 25 avril 1846.

Mon cher Monsieur Captier,

Je comptais venir vous témoigner beaucoup plus tôt combien m'ont touché votre noble loyauté et votre affectueux empressement dans l'important service que vous avez commencé à me rendre le mois dernier, sans même attendre l'avis de votre excellent père. Mais j'ai été cruellement privé de cette satisfaction, d'abord par les soins, puis par les chagrins, relatifs au plus affreux événement de ma vie privée, en perdant, au début de sa trente-deuxième année, ma meilleure amie, une dame également éminente de cœur et d'esprit. Une triste analogie de situation domestique, et une grande sympathie naturelle avaient déjà donné, des deux parts, toute la puissance d'un vieil attachement à cette liaison, aussi pure que profonde, qui n'avait duré guère plus d'un an. L'inégalité de nos âges me permettait de chérir cette noble amie comme ma propre fille, et j'avais, en effet, projeté de l'adopter pour telle, quand j'atteindrais, dans deux ans, l'époque l'égale. Vous, qui savez que rien ne remplace la sainte amitié d'une femme, appréciez donc l'immense malheur que je déplorerai pendant tout le reste de ma mélancolique existence, sans jamais chercher à le réparer, autrement qu'en demandant à mon activité philosophique l'insuffisante compensation de ma fatalité personnelle. Cette catastrophe vous expliquera trop aisément pourquoi je n'ai pu qu'hier vous apporter mes justes remerciements. J'avais même été détourné ainsi de vous envoyer le reçu immédiat que la brièveté de votre bonne visite du 26 mars m'empêcha de vous remettre directement. Permettez-moi de le joindre ici, avec sa date initiale, pour régulariser cette affaire, en prévenant, autant que possible, toutes les éventualités. L'horrible coup que je subis me rappelle trop que les plus funestes prévisions, même prématurées, sont loin d'être jamais entièrement inopportunes dans les relations humaines.

Tout à vous,

Auguste Comte.

Ayant appris chez votre portier l'heureux retour du digne père, je vous prie de lui offrir mes amitiés ordinaires, et aussi de faire agréer à votre charmante dame mes affectueux hommages. La perte d'un être chéri nous dispose toujours à mieux sentir le prix des bonnes relations qui nous restent encore.

A Monsieur CAPTIER père.

Mercredi 8 juillet 1846.

Mon cher Monsieur Captier,

Quand Monsieur votre fils a bien voulu, avec une gracieuse cordialité que je n'oublierai jamais, m'apporter, en votre nom, le 26 mars dernier, le premier tiers de l'emprunt de 3.000 francs que je vous demandai dans ma lettre du 22 mars, il m'a donné lieu de compter sur le second tiers pendant le cours de juin, et sur le dernier en septembre, suivant le mode proposé par cette lettre initiale. Depuis ce moment, il n'est malheureusement survenu encore aucun changement de position qui puisse me dispenser de la pénible nécessité que j'avais alors prévue. C'est pourquoi je dois aujourd'hui réclamer, de votre active bienveillance, la continuation du service essentiel que vous avez commencé à me rendre avec un si touchant empressement. En comptant sur cette seconde avance, devenue maintenant urgente, j'ai pensé toutefois qu'elle ne vous occasionnerait aucun dérangement actuel.

Agréez, je vous prie, mon cher Monsieur Captier, pour vous tous, les affectueux sentiments accoutumés de

Votre tout dévoué,

A^{te} COMTE.

A Monsieur BASAN, propriétaire, à Paris.

Mardi 24 juillet 1849.

Monsieur,

Dans la position exceptionnelle où je me trouve aujourd'hui envers vous, je vous dois une loyale explication personnelle, d'après laquelle vous puissiez décider en pleine connaissance de cause.

Tout le monde s'attendait, l'an dernier, à l'entière réparation de l'iniquité commise contre moi en 1844, malgré le Ministre, par la coterie pédantocratique qui domine encore l'École polytechnique. En effet, d'infatigables haines n'auraient pu alors empêcher cette tardive justice, sans l'indigne trahison d'un personnage dont je me défiais trop peu. Quoi qu'il en soit, cet avortement imprévu, outre sa propre gravité matérielle, a déterminé, en octobre dernier, une réaction indirecte presque aussi funeste, par la brusque destruction de la position que j'occupais, depuis treize ans, comme principal professeur de mathématique dans une institution considérable. Cette maison, toujours vouée au parti jésuitique et légitimiste, ne m'avait jamais accueilli sans de fortes répugnances, individuelles et collectives, que contenait seule ma situation officielle, et auxquelles mon malheur polytechnique laissait désormais un libre cours. J'ai ainsi perdu, malgré de longs et irréprochables

services, la place qui constituait ma principale ressource régulière contre la spoliation accomplie. On ne
m'a dès lors laissé que l'office secondaire que j'exerce,
depuis dix-sept ans, dans l'intérieur de l'École polytechnique, pour l'examen hebdomadaire des élèves.

Une telle situation est pourtant loin de m'interdire
l'espoir raisonnable, sinon d'une stricte réparation
prochaine, du moins d'une insuffisante compensation
officielle, par les diverses voies, même polytechniques, propres à l'ensemble de ma carrière scientifique. Mais ces espérances ne sont plus assez précises
pour me dispenser de pourvoir d'une manière indépendante, à mes besoins habituels. J'ai donc activement repris, à cette fin, l'enseignement privé des
sciences mathématiques, qui jadis me soutint pendant
vingt ans, et que j'avais dû quitter, il y a douze ans,
en devenant examinateur d'admission à l'École polytechnique. Malheureusement, cette longue désuétude des relations favorables à une telle profession
dans une vie aussi solitaire que la mienne, et la triste
stagnation générale au milieu de laquelle je reprends
ce libre office primitif, ne m'ont pas encore permis d'en
obtenir toute l'efficacité que je dois y espérer pour me
faire paisiblement attendre la fin de ma persécution
matérielle. J'ai, cependant, une telle confiance dans
le prochain succès de cette résolution, aussitôt qu'elle
sera convenablement connue du public correspondant,
que je persiste à conserver le grand appartement que
j'occupe chez vous depuis huit ans, quoique j'aie beaucoup réduit d'autres dépenses moins apparentes.
Outre mon aversion générale du changement, je crois

vous avoir déjà indiqué les puissants motifs qui m'attachent à ce précieux local, irrévocablement lié aux meilleurs souvenirs de mon cœur. C'est pourquoi je suis décidé à ne le pas quitter tant que j'y pourrai dignement rester.

Ma résolution est, à cet égard, d'autant moins imprudente, au fond, qu'elle repose aussi sur une noble démarche tentée récemment par un éminent ami (M. Littré, membre de l'Institut), afin de neutraliser ma persécution officielle par une équivalente souscription publique.

L'ensemble de mes services, spéciaux et généraux, motive assez, aux yeux de tous, ce patronage exceptionnel, pour que j'aie accepté, sans aucune hésitation, une intervention toujours avouable, également honorable à ceux qui l'exercent et à celui qui l'obtient. Il y a déjà lieu d'espérer que cette mesure, entravée d'abord par les embarras sociaux, suffira bientôt à mes modestes exigences, et me permettra de satisfaire, avec ma régularité ordinaire, à tous mes engagements matériels, même arriérés. Tels sont, Monsieur, les divers éclaircissements personnels que j'ai cru devoir spontanément à votre généreuse patience, au sujet du surcroît imprévu que je suis maintenant forcé d'apporter au délai exceptionnel de payement que vous voulez bien m'accorder habituellement depuis trois ans et que je ferai cesser le plus tôt possible.

Salut et fraternité,

AUGUSTE COMTE.

(10, *rue Monsieur-le-Prince*).

A Monsieur *BASAN, propriétaire.*

Paris, le dimanche 16 septembre 1849.

Monsieur,

Votre lettre d'hier me détermine, une semaine plus tôt que je ne l'avais spontanément projeté, à compléter mes franches explications de juillet sur l'ensemble de ma situation actuelle envers vous.

Malgré mes nouveaux efforts, ma douloureuse position matérielle m'empêche encore de vous payer aucun de mes loyers arriérés. Néanmoins, outre les sources personnelles qui m'assurent que finalement vous ne pouvez rien perdre avec moi, je persiste à compter sur une prochaine solution de tous mes embarras financiers, d'après les diverses voies indiquées dans ma lettre de juillet. Cette confiance est telle que je suis toujours décidé, si vous y consentez, à garder mon grand appartement actuel. Quels que soient les puissants motifs qui m'y attachent par le cœur, j'espère pourtant que vous me croyez assez raisonnable pour n'y pas rester sans ma pleine conviction de le pouvoir dignement. Je saurais énergiquement subir cette tribulation finale, si la nécessité l'exigeait réellement ; mais je suis, au contraire, persuadé que ma longue persécution touche maintenant à son terme quelconque. Cependant, j'ai dû achever aujourd'hui de vous exposer loyalement ma présente situation, afin que vous puissiez prendre sciemment la décision que vous jugerez la plus convenable à vos propres exigences.

Quelle qu'elle soit, je l'attends avec une parfaite résignation, sans qu'elle doive jamais altérer les sentiments d'estime et de gratitude déjà dus à l'ensemble de vos procédés envers

Votre tout dévoué serviteur,

AUGUSTE COMTE.

(10, *rue Monsieur-le-Prince*).

A Monsieur BASAN, propriétaire.

Lundi 15 octobre 1849.

Monsieur,

J'éprouve un nouveau besoin, d'après votre lettre d'hier, de vous témoigner spécialement combien me touchent vos nobles procédés envers moi. Un véritable homme de cœur peut seul apprécier ainsi les motifs intimes qui, malgré ma situation exceptionnelle, me font conserver mon grand appartement.

Les diverses voies par lesquelles je compte surmonter bientôt mes embarras actuels sont, quoique certaines, d'une nature trop peu précises pour me permettre d'assigner aucunement l'époque où je commencerai à m'acquitter envers vous. Quant à mes modiques ressources patrimoniales, elles comportent encore moins une telle détermination ; je ne dois les considérer qu'afin de justifier, à mes propres yeux, ma pleine confiance que, même dans le cas le plus défavorable, vous ne pouvez finalement rien perdre avec moi.

Tout ce que je puis vous annoncer certainement se borne aujourd'hui à ma ferme résolution de consacrer mes premiers fonds disponibles à diminuer graduellement mon arriéré de loyer, sans attendre que chaque payement successif équivaille à un trimestre entier.

Comptez, Monsieur, que ma juste reconnaissance pour votre rare délicatesse fortifie beaucoup l'affectueuse estime de

Votre tout dévoué,

AUGUSTE COMTE.

(10, *rue Monsieur-le-Prince*).

A Madame *GROENINX DE ZOELEN*, à La Haye.

Paris, le 27 Aristote 62 (Dimanche 24 mars 1850).

Madame,

D'après la réclamation que vous venez de m'adresser, je vous prie de bien vouloir regarder comme non avenu l'envoi que j'ai cru devoir vous faire mardi dernier. Ma méprise vous autorisait pleinement à me renvoyer cette circulaire, si vous n'aviez

préféré m'avertir sous une forme plus douce. En
regrettant une telle erreur, je me félicite du moins
qu'elle ne puisse jamais s'aggraver par aucune communication.

Daignez, Madame, agréer, à cette occasion, le
respectueux hommage de

Votre dévoué serviteur,

AUGUSTE COMTE,

(10, *rue Monsieur-le-Prince*).

A Monsieur PEYRONNET, 18, rue d'Enfer.

Le 23 Archimède 63 (Jeudi 17 avril 1851).

Monsieur et cher Confrère,

Vous avez certainement apprécié hier, comme tous
les membres présents, la satisfaction que j'ai témoignée de ce que M. Littré n'ait point entendu mes
douloureuses explications. Chacun a senti que la
présence de mon éminent collègue m'aurait ainsi
laissé craindre de l'entraîner à rompre une relation
qui lui est agréable, s'il l'avait dès lors jugée contraire à sa juste sévérité sur les devoirs féminins.
On a compris aussi combien je tenais à ne pas priver
de ce noble et salutaire contact une femme coupable, envers laquelle mon mépris trop fondé n'empêcha jamais une sollicitude naturelle. Je compte
également que ce double motif sera non moins saisi

par ceux de nos confrères qui n'assistaient point à cette séance exceptionnelle; sans de telles considérations, je devrais, au contraire, regretter spécialement l'absence d'un auditeur dont l'estime personnelle m'est particulièrement précieuse. Car j'ai souvent déploré que cette généreuse réserve m'exposât à passer, auprès de lui, pour un juge trop sévère, dans un cas où je fus surtout une innocente victime.

Mais, hors de notre association, une malveillance, qui bientôt croîtra beaucoup, peut s'efforcer, sous une habile direction, de faire graduellement prévaloir, à cet égard, une odieuse interprétation, en insinuant que cette absence prévue m'offrait l'avantage d'écarter le contrôle le mieux pourvu d'informations opposées. Or, d'un autre côté, vous m'avez paru, Monsieur, personnellement disposé à croire que mon récit n'aurait point entraîné M. Littré à la rupture qui seule m'y eût fait craindre sa présence. Si, après y avoir assez réfléchi, vous persistez à penser ainsi, je vous prie donc, au lieu de garder le silence envers lui, de vouloir bien lui rendre un compte fidèle de ce qui s'est passé hier. Je m'en rapporte entièrement à votre zèle et à votre prudence pour cette délicate détermination. Quelle que soit votre décision, la présente lettre montrera, j'espère, chez le fondateur du positivisme, la ferme conviction habituelle que tout digne examen de sa conduite privée consolidera toujours les honorables sympathies fondées sur sa conduite publique. C'est pourquoi j'en prends une copie littérale, que je lirai à mes confrères, mercredi prochain, afin de caractériser ma dernière démarche dans une pénible affaire, dont j'ai promis hier de ne plus parler, à moins de nouvelles provocations.

Salut et fraternité.

AUGUSTE COMTE.

(10, rue Monsieur-le-Prince).

Paris, le 22 César 64 (Jeudi 13 mai 1852).

Je prie l'atelier typographique de M. Thunot, collectivement représenté par son digne chef M. Gaillourdet, de vouloir bien agréer mes remerciements spéciaux pour la perfection et la rapidité vraiment exemplaires de son travail envers le tome deuxième de mon *Système de politique positive*. Depuis quatre siècles que l'Occident exerce ce bel art, c'est, je crois, la première fois qu'un volume de plus de trente feuilles se trouve très bien imprimé en six semaines, sans avoir exigé jamais une seconde épreuve. Puisse ce témoignage final de ma juste gratitude cesser bientôt d'être exceptionnel, et former l'annonce spontanée des civiques sentiments qui doivent présider aux relations mutuelles entre les penseurs et les typographes !

Salut et fraternité.

AUGUSTE COMTE.

(10, rue Monsieur-le-Prince).

A Monsieur Fortuné LAPIERRE, à Paris.

Paris, le dimanche 1er César 66 (23 avril 1854).

Monsieur,

Vos lettres m'avaient inspiré sur vous, et propagé chez mes disciples, une opinion que votre présence a démentie, pour eux encore plus que pour moi, vu leurs contacts plus multipliés. Nous avons tous reconnu que vous n'êtes point positiviste, ni de cœur, ni d'esprit, et nous craignons que vous ne puissiez jamais le devenir. Je vous invite donc à quitter une association fraternelle pour laquelle votre antipathie se trouve indiquée par votre négligence volontaire après quelques séances peu satisfaisantes.

Salut et fraternité.

AUGUSTE COMTE,

Fondateur et Président de la Société positiviste.

(10, rue Monsieur-le-Prince).

P.-S. — En cas de silence jusqu'à la fin de mai, votre nom sera rayé de notre liste sans aucune information.

(Envoyé le jeudi 5 César 66).

A Monsieur le Docteur ÉDOUARD FOLEY,
à Paris.

Paris, le mercredi 23 Gutenberg 68.

Mon cher disciple,

D'après les renseignements que Mme Jullien est venue me donner hier soir, voici ce que je pense :

1° Quand vous avez vu que votre projet de loger des dames chez vous à la veille de votre mariage affligeait votre future et choquait ses parents, vous avez eu tort d'y persister ; vous devez immédiatement accepter, et même faire accepter, si vous le pouvez, la proposition que vous fait votre nouvelle famille de recevoir elle-même ces personnes ;

2° Ayant consenti formellement au mariage catholique, ce serait une puérile inconséquence de refuser les cérémonies secondaires que demandent vos parents, quand elles ne vous imposent aucune profession de foi théologique.

Tout à vous,

AUGUSTE COMTE.

(10, rue Monsieur-le-Prince).

A Monsieur CÉSAR LEFORT, à Paris.

Paris (10, rue Monsieur-le-Prince),
Le jeudi 22 César 69 (14 mai 1857).

Monsieur,

L'année qui vous fut spécialement assignée, le jeudi 8 mai 1856, s'est entièrement écoulée, sans que vous ayez jamais donné, même à moi, des signes, indirects ou directs, de réformation. D'après l'ensemble de votre conduite, depuis votre retour à Paris, en juillet 1854, vous êtes irrévocablement exclu de la Société positiviste. Puisse cette issue d'une phase septennaire vous faire assez sentir combien il importe, à votre âge, d'appliquer vos principales forces à la régénération systématique d'une existence spontanément restée équivoque jusqu'ici !

Salut et fraternité.
Le Président de la Société positiviste,

AUGUSTE COMTE.

P.-S. — Une copie de cette lettre sera toujours annexée aux papiers de la Société positiviste.

QUATRE LETTRES A M. COMTE PERE
DEUX LETTRES
A MADEMOISELLE COMTE

1829-1848.

I

Lorsque je me trouvai, il y a six mois, mon cher et bon père, dans la pénible nécessité de faire encore appel à ta sollicitude paternelle, j'espérais bien fermement et je croyais pouvoir hardiment promettre que ce serait la dernière fois que je me verrais dans cette triste obligation.

C'est ce qui serait arrivé effectivement si, comme je devais raisonnablement le croire, je m'étais trouvé depuis cette époque dans un état de santé qui me permît de faire valoir toutes mes ressources. Le contraire a eu malheureusement lieu. A peine délivré des maux de tête que m'avait causé la préparation et l'agencement de mon cours, je me suis trouvé depuis trois mois environ atteint d'un dérangement d'estomac qui m'a rendu pendant tout ce temps et me rend encore au moins aussi incapable de tout travail exigeant une grande et continue application d'esprit, c'est-à-dire d'à peu près toute autre besogne que de donner mes leçons. Je vous en ai déjà parlé dans mes deux dernières lettres. Depuis la plus récente, que j'ai adressée à maman sous la date du 31 août, il n'y a pas eu la moindre amélioration et c'est bien plutôt le contraire. Toujours même difficulté et même lenteur des digestions, malgré toutes les précautions que nous prenons pour cela. Les médecins m'ont interdit tout travail sérieux tant que la digestion n'est pas terminée définitivement ; mais comme je suis cinq, six, et quelquefois sept heures à digérer très laborieusement un repas léger et soigné, et cela à peu près tous les jours et quelquefois avec indigestion décidée, tu sens que cela équivaut à une prohibition absolue : du reste, c'est bien vainement que je tenterais de me soustraire à cette prescription, car chaque fois que je l'ai essayé, et que j'ai voulu, en prenant le dessus, me mettre à un travail sérieux et soutenu, je n'ai pas manqué de déterminer un vomissement très fort au bout d'une ou deux heures d'application ; c'est ce qui m'est arrivé encore hier soir, quoique, à raison même de cela, nous nous soyons mis, depuis quelque temps, à dîner de très bonne heure afin d'avoir plus de temps pour digérer. Les médecins m'ont ordonné la distraction, c'est ce que je fais autant que ma position me le permet. Ils m'avaient même recommandé pour quelque temps le séjour de la campagne, afin de respirer le grand air ; comme ma situation pécuniaire ne le permet pas, nous y avons suppléé autant que possible en faisant presque tous les jours de bonnes promenades à pied hors des barrières dont je suis peu éloigné. Rien de tout cela n'a encore, en résumé, produit d'amendement sensible. Je crois que la persistance opiniâtre de ce dérangement tient à la persistance non moins opiniâtre que nous avons ici cette année d'un été constamment humide, orageux et froid, qui occasionne en effet beaucoup de maladies de toute sorte. Du moins, je n'en vois pas d'autre explication, car, sous tout autre rapport, je me porte parfaitement bien, et, même malgré cette maladie d'estomac, je n'ai pas à me plaindre de la tête comme je l'avais fait peu de temps auparavant, un peu après le commencement de mon cours.

Après cette triste exposition, j'arrive à l'objet principal de cette lettre, la demande d'un nouveau secours dont j'avais bien espéré pouvoir m'affranchir, mais qui m'est devenu maintenant, par suite de ce fâcheux état de choses, de la nécessité la plus impérieuse et la plus pressante. Tant que mes leçons ont duré, je me suis soutenu strictement sans avoir besoin d'aide, mais quoiqu'elles aient été un peu plus abondantes cette dernière année scolaire que la précédente, elles n'étaient cependant pas assez fructueuses pour me permettre des économies qui nous missent en état de passer la morte saison des vacances. Je comptais pour cela sur le produit de travaux étrangers, auxquels le triste état de ma santé ne m'a pas permis de me livrer. Aussi, depuis le commencement des vacances et la cessation totale des leçons, je me suis trouvé dans le plus grand embarras, quoique, pour diminuer nos dépenses, nous ayons renvoyé la domestique que nous avions été forcés de prendre à cause du jeune La Moricière et de conserver ensuite plus longtemps que nous n'aurions voulu à cause de mon cours. Sachant combien toute demande de secours t'est onéreuse et par suite pénible, surtout après tous ceux que tu as déjà bien voulu m'envoyer, j'ai tâché de l'éviter par tous les moyens qui étaient en notre pouvoir, et au moins de ne la réserver que pour la plus extrême extrémité. Mais ce moment est enfin malheureusement arrivé, et nous voilà aux derniers expédients. Tout ce dont je pouvais disposer, j'en ai disposé ; c'est-à-dire que tous ceux tant de mes effets que de ceux de ma femme, qui n'étaient pas d'un usage absolument indispensable, ont été mis en gage pour me permettre de reculer le moment où je me verrais douloureusement contraint à te faire une nouvelle demande. Mais ce qui est provenu de cette ressource a été maintenant tout à fait épuisé, et, malgré ma profonde répugnance, je me trouve encore réduit à recourir à l'appui de mon cher et bon père. L'année scolaire que nous allons bientôt commencer s'annonce assez favorablement pour moi de divers côtés ; j'ai lieu d'espérer qu'elle sera plus fructueuse que les précédentes, mais je ne puis pas compter ravoir une seule leçon avant un mois d'aujourd'hui et par conséquent ce ne sera que dans deux mois qu'elles auront commencé à être productives. Quant à mes autres ressources, outre que, même guéri aujourd'hui, ce ne serait pas tout prochainement que je pourrais y recourir, il m'est impossible d'y compter immédiatement, car je ne sais combien se prolongera encore ce dérangement, quoique j'espère qu'il ne puisse devenir inquiétant.

En résultat, je me trouve obligé, mon cher et bon père, quoiqu'il m'en coûte, de te supplier de m'adresser un mandat de 400 francs, payable au 1ᵉʳ octobre. Je ne sais même pas bien encore comment pouvoir atteindre jusqu'à ce moment. L'époque m'est en vérité très fâcheuse, car outre les dépenses ordi-

naires et indispensables, c'est alors qu'échoit le payement du loyer. Néanmoins, je pense que la somme
dont je te parle sera suffisante pour attendre la recette
de la nouvelle année classique. Je te supplie donc
encore de me l'adresser immédiatement.

Adieu, mon cher et bon père, reçois pour vous
tous mille baisers de

Ton fils,

A^{te} COMTE.

J'ai reçu, il y a quinze jours, la lettre du 22 août,
que maman avait remise à M. et Mme Croissart. Je
suis bien fâché qu'ils ne nous aient pas trouvés. Depuis nous nous sommes tous deux présentés à leur
hôtel deux fois, d'abord de grand matin, et ensuite
le soir, sans pouvoir parvenir à les rencontrer, ce
que nous regrettons vivement. Néanmoins, nous ten-
terons un troisième essai.

II

Paris, le jeudi soir 17 mai 1832.

Mon chère père,

Dans sa dernière lettre (du 24 avril) maman a
cru devoir renouveler les instances qu'elle m'avait
faites dans sa lettre précédente, pour me déterminer à
venir *seul* passer auprès de vous le temps du choléra

de Paris. Je croyais que les observations énergiques dont j'avais appuyé mon refus de cette proposition dans ma lettre du 13 avril m'éviteraient la reproduction d'une offre aussi déplorablement inconvenante. Je suis bien fâché d'avoir été trompé dans cet espoir, et c'est ce qui me détermine à m'adresser à *toi* personnellement pour t'exprimer à ce sujet ma déclaration décisive et bien arrêtée.

Quoique l'intention de maman soit on ne peut plus formellement exprimée dans deux lettres consécutives, dont la dernière est surtout particulièrement caractéristique après les représentations que j'avais adressées et qui n'y sont pas même mentionnées, j'avoue que j'ai encore bien de la peine à comprendre comment une personne aussi *religieuse* que ma mère a pu faire et réitérer une proposition aussi *immorale* (je ne crains pas de le dire) que celle adressée à un mari de fuir seul la maladie qui a si cruellement désolé cette ville en laissant sa femme s'en tirer, sans ressources aucunes, comme elle le pourrait. Je me félicite particulièrement de n'être nullement religieux, si c'est à une telle *morale* que doit aboutir la religion dans la pratique. Que dirait maman si, en pareil cas, je t'engageais à te réfugier ici et à l'abandonner seule dans une ville affectée d'épidémie meurtrière ? Il faut que la haine si injustement contractée par ma famille envers ma femme soit bien profonde et bien aveugle pour avoir pu conduire à une démarche aussi scandaleuse, et pour qu'on ait pu croire un instant que je consentirais à participer à un acte d'égoïsme aussi révoltant ! Quoi ! si je vivais avec un simple ami auquel je parusse tenir beaucoup, et que vous missiez quelque importance à me déterminer à quitter Paris en un tel moment, vous n'auriez pas hésité, j'en suis certain, à m'engager à l'amener avec moi, si vous aviez cru que cette considération pût me décider ; et quand il s'agit de ma femme, de l'être qui est pour moi plus que tout autre être au monde, et auquel les devoirs et la reconnaissance me lient non moins que l'affection, ma mère n'hésite pas à me proposer, aussi clairement que possible, de la laisser, sans doute *à la garde de Dieu* (comme disent les prêtres); et lorsque j'ai fait expressément remarquer avec une fermeté modérée (qui aurait permis le retour) l'inconvenance et l'immoralité d'une telle proposition, je reçois pour toute réponse le renouvellement des mêmes instances, sans qu'il soit plus question de mes remontrances que si je n'eusse rien dit ! Voilà ce qui, je le répète, bien que trop malheureusement constaté, me paraît, je l'avoue, d'autant plus inconcevable que j'y réfléchis davantage. J'aimerais à me persuader que ce procédé t'est absolument étranger ; mais je ne puis croire cependant que maman se fût permise, sans ton autorisation, une aussi grave démarche. Il paraît même qu'elle n'a pas fait mystère aux étrangers d'une telle conduite, car j'ai su indirectement que le jeune docteur Coste (ami de M. Delpech, duquel il le tient sans doute) avait eu connaissance des très vives instances de ma famille pour m'attirer à Montpellier pendant le choléra. Outre l'inconvenance profonde d'un tel éclat, auquel je suis certain que tu es personnellement étranger, il est singulier que maman n'ait pas craint d'être taxée pour son compte de gasconnades maternelles en insistant pour une proposition que tout homme raisonnable sentait fort bien que je ne pouvais accepter, même quand je l'aurais voulu. Il est temps que tout cela finisse, et puisque je n'ai pas d'autre moyen de le faire cesser, je dois te déclarer positivement que mon intention bien arrêtée est de ne jamais revenir à Montpellier et dans ma famille autrement qu'avec ma femme. Suis-je enfin pour vous un homme marié, ou non ? Ou je serai traité en conséquence, ou nous cesserons toute espèce de relation. Je suis décidé à mettre un terme à toutes ces avanies, et à n'être plus tenu en tutelle. Après le temps (trop long sans doute) que j'ai laissé s'écouler, il y aurait de l'hypocrisie de votre part à soutenir encore que votre animosité envers ma femme est fondée sur ses prétendus torts d'autrefois à mon égard. Quand même vous n'en auriez pas personnellement reconnu jadis l'injustice, quand même je ne vous aurais pas détrompés complètement sur des choses dont j'étais seul juge, l'admirable conduite de ma femme pendant ma maladie, et le bonheur domestique dont je jouis avec elle depuis les cinq ans qui se sont écoulés déjà après ma guérison, tout cet ensemble suffirait pour démontrer au plus incrédule et au plus prévenu que rien ne peut plus excuser votre injuste et opiniâtre animosité à son égard. Si donc il est certain que cette animosité persiste, et ce qui vient de se passer ne permet malheureusement point d'en douter, ce ne saurait être le moins du monde à cause de moi, et il est bien constaté maintenant que cette haine est entièrement spontanée de votre part.

Cela étant, je me dois à moi-même d'intervenir enfin d'une manière active et énergique, et de prendre comme m'étant personnelles les injures qui sont faites à ma femme aussi bien de votre part que de toute autre. Je ne saurais sans doute être taxé de précipitation dans une décision où je me reproche au contraire d'avoir mis beaucoup trop de patience et de longanimité. Vous avez toujours su, dès l'origine, que ce ne pouvait être par acquiescement tacite ; mais peut-être avez-vous pensé que c'était par faiblesse, tandis que cette résignation provisoire et trop prolongée ne tenait absolument qu'à l'amour de la paix et à l'espoir vivement conçu (quoiqu'à tort comme l'expérience le prouve) que le temps ferait enfin cesser graduellement et spontanément en vous cette haine aveugle et injuste. Il n'en a point été ainsi, et cinq ans écoulés rendent l'expérience suffisamment prolongée pour que je doive la clore, sans pouvoir être accusé que d'une modération beaucoup trop grande. Je dois donc cesser toute relation avec ma famille, tant qu'un tel état de choses subsistera, et quoiqu'il en coûte infiniment à mon cœur ainsi que le prouve le long délai que j'ai supporté, et que tout autre à ma place eût sans doute rendu bien plus court. Il y a longtemps que mes lettres ne sont plus que des bulletins sanitaires, et je ne vois pas la nécessité de les continuer après l'explication décisive à laquelle vient de me forcer une occasion solennelle que je n'ai point à me reprocher d'avoir provoquée. Il sera aisé d'avoir des nouvelles de ma santé par les gens du pays qui vont et viennent, et qui seront toujours reçus chez moi avec plaisir s'ils ont pour ma femme les mêmes égards que pour moi-même, sans quoi je ne souffrirai pas leur visite. Vous devez d'ailleurs être rassurés sur ma santé qui est excellente, puisqu'elle n'a pas été affectée de la cruelle épidémie que nous venons d'éprouver.

Je suis vivement peiné d'avance, mon cher père, du chagrin que te causera certainement, ainsi qu'à ma mère, cette lettre sévère mais indispensable, et je le regrette d'autant plus que je suis persuadé que cette injuste et persévérante animosité envers ma femme ne vous est point naturelle (surtout à toi), et qu'elle tient principalement à l'influence que ma sœur exerce sur vous. Mais, spontanée ou suggérée, cette haine n'en est pas moins profondément injuste, et j'en ai attendu la fin avec une longanimité assez prolongée pour que je ne puisse plus longtemps hésiter à y soustraire et ma femme et moi-même, autant du moins qu'il est en mon pouvoir.

Adieu, mon cher père, reçois pour maman et pour toi mille baisers affectueux de ton fils

AUGUSTE COMTE.

J'aurais désiré pouvoir écrire la semaine dernière, mes occupations m'en ont seules empêché.

III

A mon Père.

Paris, le mardi 2 juin 1846.

Mon très cher père,

Une lettre de ma cousine Victorine Boyer vient de m'apprendre tout à l'heure l'iniquité récemment tombée sur toi, et que je n'aurais jamais jugée possible. Quoique je n'en connaisse encore ni les détails, ni les prétextes, j'éprouve le besoin, malgré nos pénibles dissentiments, de te témoigner aussitôt, au milieu de mes profonds chagrins et de mes graves embarras propres, combien je suis affligé et indigné de te voir, après quarante-cinq ans d'un irréprochable exercice, privé des fonctions que tu avais toujours honorées de manière à mériter qu'elles ne cessassent jamais sans toi. Ma cousine m'informe que tu as supporté, avec un noble calme, ce coup imprévu, et j'espère que la pleine conviction, si généralement partagée autour de toi, d'avoir constamment rempli tous tes devoirs, soutiendra assez ta juste fermeté pour que cet ébranlement ne porte à ta santé aucune nouvelle atteinte. Une équivalente iniquité m'a privé moi-même, depuis deux ans, comme tu le sais sans doute, de ma principale position polytechnique, quoique j'aie tout lieu de penser qu'elle me sera prochainement rendue ; mais tu croiras, j'espère, sans difficulté, que l'indignité dont je viens d'être informé m'affecte beaucoup plus que celle dont je suis momentanément la victime personnelle. Je regrette vivement que ma position actuelle, et surtout le douloureux état de nos relations mutuelles, ne me permettent pas de venir bientôt témoigner respectueusement à mon cher et digne père la part filiale que je prends à son malheur, et mon vif désir de l'adoucir autant qu'il serait en mon pouvoir.

Ton fils dévoué,

A^{te} COMTE.

Je n'ai pas encore vu M. Captier depuis son retour du Midi. Mais j'espère bientôt obtenir de lui tous les renseignements essentiels sur cette énormité imprévue.

IV

Paris, le mercredi 8 mars 1848.

Mon cher et bon père,

Je ne puis résister au bonheur de répondre aussitôt à l'affectueuse lettre qui vient de me surprendre.

L'heureuse démarche dont tu me félicites m'a trop fait goûter l'inestimable douceur des émotions bienveillantes pour me laisser la moindre hésitation sur la touchante ouverture que tu daignes me faire. Oublions donc, avec une pleine franchise, toutes nos longues dissidences, et ne pensons qu'à développer dignement nos saintes affections mutuelles. J'ai noblement commencé, à tous égards, mon second demi-siècle, et j'espère pouvoir encore t'y témoigner longtemps ma tendresse filiale. Tu peux compter sur ma visite cordiale en septembre à moins d'obstacles tout à fait indépendants de ma volonté. Je me félicite que ta constance à supporter l'iniquité t'ait assuré une santé dont j'aurai maintenant des nouvelles plus directes et plus fréquentes que par ma bonne cousine Victorine ou M. Captier.

Ton fils dévoué,
AUGUSTE COMTE.

I

Ma chère sœur,

J'accepte pleinement la réconciliation que tu veux bien me proposer, et je te promets de ne jamais revenir sur le passé. Combien je me félicite que ma sincère manifestation envers M. Arago ait ainsi fourni l'occasion de rétablir mes précieuses relations de famille.

Ton frère,

Auguste Comte.

P.-S. — Je dois, une fois pour toutes, vous prier tous deux de ne jamais me solliciter, d'aucune manière, en faveur de Mme Comte. Celle qui a vécu dix-sept ans auprès de moi sans apprécier (je ne dis pas mon esprit, peu m'importe) mais mon cœur, ne mérite point que je consente jamais à la revoir. Vous pouvez compter que cet arrêt est irrévocable, après six ans de séparation.

Ma seule épouse véritable, celle qui m'inspira une passion toujours pure, qui ne s'éteindra jamais, se trouve au cimetière Lachaise. C'est là que, depuis deux ans, je ne laisse pas écouler un seul mercredi sans aller renouveler, sur sa tombe sacrée, les solennelles promesses d'éternel veuvage qui adoucirent ses derniers jours. La fin de cette lettre coïncide exactement avec l'heure accoutumée de ma tendre visite hebdomadaire. C'est à sa sainte image que je dois la première inspiration de l'heureuse résolution dont j'ai aujourd'hui tant de nouveaux motifs de me féliciter. Je vais, sur sa pierre, répandre de nouvelles larmes de satisfaction et de reconnaissance.

P.-S. — Ma santé est excellente.

II

Paris, le jeudi 16 mars 1848.

Ma chère sœur,

Dans la précipitation de ma lettre du 8, je crains de ne t'avoir pas manifesté une sollicitude spéciale sur ta santé, envers laquelle mon père me donnait quelques inquiétudes. Sans attendre ta réponse, je m'empresse aujourd'hui de réparer spontanément cette distraction involontaire. J'espère que tu me rassureras bientôt sur un sujet qui m'intéresse tant en lui-même, et qui d'ailleurs doit m'être si précieux pour tes soins continus envers notre bon père, dont l'ensemble de notre position te confie exclusivement la sollicitude. Adieu, je t'embrasse fraternellement, en désirant beaucoup que rien ne vienne empêcher ma cordiale visite de septembre.

AUGUSTE COMTE.

UNE LETTRE

A

MADAME FRANÇOISE JOURDAN

Nourrice d'Auguste Comte.

1847.

A Madame **FRANÇOISE JOURDAN**, *à Montpellier.*

Paris, le mercredi 13 janvier 1847.

Ma chère nourrice,

Je vous remercie beaucoup, ainsi que votre mari, du bon souvenir que vous me gardez encore, et je vous prie d'agréer les vœux que je vous offre en échange de vos souhaits pour la nouvelle année. Puisse-t-elle nous être à tous moins funeste que la précédente.

En vous revoyant à Montpellier, il y a cinq ans, j'ai été très touché de retrouver, après tant de temps, valide et affectueuse, celle qui soigna mes premières années. Si je suis maintenant presque inconnu dans ma ville natale, il m'est consolant de penser que quelqu'un s'y souvient cordialement de moi. Quand je serai conduit à y revenir momentanément, je me sentirai toujours heureux de vous y revoir. Cette sorte de liens, si propre à réunir toutes les conditions, mérite, à mes yeux, bien plus de respect qu'on n'a coutume de lui en accorder aujourd'hui.

Recevez, ma chère nourrice, l'expression sincère de mon affectueux souvenir.

AUGUSTE COMTE.

Ma santé, longtemps troublée par de profonds chagrins, commence à se bien rétablir. Quoique je touche à ma cinquantième année, comme vous devez le savoir mieux que personne, je me sens plus de vigueur d'esprit, de cœur, et même de corps, que trente ans auparavant.

TROIS LETTRES

A

M. LE DOCTEUR PINEL-GRANDCHAMP

1845-1846.

I

A Monsieur le Docteur PINEL-GRANDCHAMP.

Jeudi 20 novembre 1845 (midi).

Mon cher Docteur,

Vous étiez hier si justement préoccupé d'un urgent ministère, que je n'ai pas osé insister beaucoup sur Mme de Vaux. Permettez-moi donc aujourd'hui de vous rappeler spécialement mon amitié pour cette dame, outre ma liaison avec toute sa famille. Elle viendra peut-être tout à l'heure demander vos excellents avis sur le régime habituel qui convient à son état trop fréquent d'intime agitation nerveuse combinée avec une notable prostration musculaire. Tout le zèle médical que vous lui accorderez particulièrement m'inspirera personnellement une profonde reconnaissance. Même sans mon sincère témoignage, votre rare sagacité ne tarderait pas à démêler chez elle une éminente nature, où l'élévation des idées et la dignité du caractère répondent à la noblesse et à la pureté des sentiments. J'espère donc qu'elle vous paraîtra digne de toute votre consciencieuse attention.

Agréez, mon cher Docteur, la nouvelle assurance de l'affectueuse estime que vous inspirez depuis longtemps à

Votre tout dévoué,

A^{te} COMTE.

Mes affectueux hommages à vos dames.

II

A Monsieur le Docteur PINEL-GRANDCHAMP.

Samedi matin 4 juillet 1846.

Je croyais, Monsieur, que, pendant les trois mois qui viennent de s'écouler depuis la mort de Mme de Vaux, son père s'était acquitté envers vous, comme envers les autres médecins qui l'ont traitée. Puisqu'il en est autrement, d'après votre lettre d'hier soir, je crois devoir vous éviter, à ce sujet, toute explication avec une famille dont j'ai eu moi-même beaucoup à me plaindre, et que j'ai trop tard reconnue indigne de mon éminente amie, qui a tant souffert jusqu'au bout. C'est pourquoi je n'hésite point ici à me substituer directement à cette noble et tendre infortunée, dont je regrettai d'ailleurs la précipitation, quoique très naturelle, envers vous. Veuillez donc, Monsieur, m'accepter, en son nom, comme garant des divers honoraires qu'elle vous devait, en sus des 25 francs qu'elle m'annonça vous avoir remis le lundi 2 février. Je m'empresserai d'accomplir, d'après votre note, ce devoir de mon éternelle amitié, sauf, s'il y a lieu, mon recours personnel à la famille.

Agréez, je vous prie, mes affectueuses salutations.

A^{te} COMTE.

(10, rue Monsieur-le-Prince).

III

A Monsieur le Docteur PINEL-GRANDCHAMP.

Lundi matin 6 juillet 1846.

Suivant ma promesse d'avant-hier, je m'empresse, Monsieur, de vous envoyer les 40 francs réclamés pour vos honoraires médicaux dans la note que vous avez adressée, le 21 avril dernier, à mon éminente amie Mme de Vaux, morte seize jours auparavant. En déplorant, à ce sujet, une nouvelle indélicatesse d'une famille entièrement indigne d'elle, je me félicite de pouvoir aujourd'hui remplir, pour cette éternelle amie, un devoir dont je l'ai toujours vue trop préoccupée. Je dois seulement vous demander, en échange, un reçu spécial, constatant le fait de cette substitution volontaire, afin que je puisse ultérieurement, si je le juge convenable, recourir à son père, qui peut-être ignore tout cela.

Veuillez, Monsieur, agréer mes sincères salutations.

A^{te} COMTE.

UNE LETTRE NON ENVOYÉE

A

MADAME CLOTILDE DE VAUX

Jeudi matin 22 mai 1845 (10 h.).

Ma chère Dame,

Les affectueux remerciements obtenus par mon second billet d'hier (celui que le commissionnaire a apporté) ne peuvent concerner que l'intention et l'empressement : car il est clair que je n'y avais pas encore bien compris la touchante lettre que je venais seulement de parcourir à la hâte. N'y voyant d'abord que des souffrances involontairement aggravées par moi, entendant d'ici votre toux nerveuse ainsi surexcitée sans doute, je n'ai pensé qu'à vous exprimer aussitôt mes regrets, sans prendre le temps de ne rien relire, afin de ne pas retarder l'envoi. Depuis qu'une fréquente lecture m'a fait dignement apprécier cette mélancolique expansion, je suis pénétré à la fois d'admiration, de reconnaissance, et d'une intime sympathie pour des douleurs habituelles dont j'avais peu soupçonné la vraie profondeur. J'ai pensé, néanmoins, que mon premier billet d'hier (venu par la poste) avait dû vous rassurer assez sur les inquiétudes ultérieures que vous causaient d'abord mes sentiments, et ranimer votre espoir primitif de voir cette pure affection devenir une source de consolation sans amertume, ou même de quelque bonheur réel, pour vous comme pour moi. Votre billet d'hier soir me fait pourtant craindre que vous ne restiez trop touchée encore des premières alarmes suscitées par mon indiscrète précipitation. Quels que soient mes torts à cet égard, ils ne se rapportent finalement qu'à la forme, et ils ne méritent pas de me faire perdre, sous un mode quelconque, cette précieuse autorisation générale de visites directes, dont je n'ai jusqu'ici nullement abusé ni même usé. Les aimables soirées de la rue Pavée me sont sans doute bien douces : mais vous savez que la délicieuse musique que votre excellente sœur veut bien m'y faire, doit elle-même contribuer à m'y priver de votre entretien. Je me présenterai donc chez vous mardi prochain 27 (vers midi et demi), à moins que vous ne m'informiez alors que votre amie réclame encore vos soins. Vous excuserez d'autant plus, j'espère, mes instances à ce sujet, que je ne pourrai probablement pas vous voir demain soir chez vos parents, même quand j'irais en voiture, à moins que la nuit prochaine ne se passe beaucoup mieux que celle-ci. Mon état de faiblesse mêlée d'agitation, sous l'influence prolongée de l'insomnie et de l'abstinence, a été un peu aggravé hier par un effort prématuré pour aller faire une leçon journalière : mardi, au contraire, tout cela sera suffisamment dissipé, surtout si je m'abstiens dimanche de mon cours.

Au reste, que pourrez-vous justement craindre désormais de nos libres entrevues directes ? Le cours naturel de la situation n'a-t-il pas maintenant amené, malgré nous, quoique avec douleur, tous les éclaircissements vraiment essentiels ? Vous connaissez aujourd'hui toute l'étendue de mes vœux ; mais vous savez aussi que, sans jamais renoncer à leur essor intérieur, je sais votre sage et douce discipline : toutes les restrictions ou modifications que votre réserve tutélaire croira devoir m'imposer, je les subirai, avec une paisible résignation, aussi longtemps que vous l'exigerez, ou même toujours. Outre le désir si naturel d'éviter à votre cœur froissé toute émotion trop vive, cette pure affection m'est trop précieuse pour que je m'expose jamais à en rompre le cours, en voulant l'étendre ou le hâter.

Pour mieux dissiper tout germe de *causeries embarrassantes,* je dois d'ailleurs utiliser ici les avantages propres au langage écrit, en écartant d'avance le seul motif qui pourrait maintenant nous y ramener malgré moi. Je dois, en effet, me justifier sommairement de votre reproche indirect, rattaché du reste à un dévouement exalté, sur ma prétendue tendance à m'attacher à vous sans vous connaître assez. Ce qui se passe aujourd'hui constitue, à mes yeux, le plus grand événement de ma vie privée depuis mon fatal mariage, lequel résulta même, non d'une véritable passion, mais surtout d'une générosité irréfléchie, en retour d'une confiance qui me paraissait extrême. Quelque mûr que je sois maintenant, il s'agit réellement de la seule affection, à la fois pure et profonde, que j'aie réellement éprouvée, et à laquelle je devais de ne pas disparaître sans avoir dignement compris ces admirables émotions. Il m'importe donc de vous montrer que nulle légèreté n'a déterminé mon entraînement : je vous connais, au fond, beaucoup plus que vous ne pouvez le croire.

Votre vive intelligence sentira, j'espère, bientôt

que trente ans de judicieuses études systématiques
et de saines méditations continues sur l'ensemble
de la vie humaine individuelle ou sociale, ne sont
pas aussi stériles en résultats usuels que le croient
encore tant d'esprits vulgaires, les uns par routine,
les autres par étourderie. Les divers principes généraux d'appréciation réelle qui en découlent spontanément permettent de porter d'après des faits moins
nombreux des jugements à la fois plus rapides et
plus sûrs, surtout si une heureuse mémoire a bien
recueilli les différents documents caractéristiques que
présentent, à tous égards, les occurrences journalières. Mais outre ces moyens universels, les ressources spéciales ne m'ont pas manqué pour vous
juger suffisamment. Vous savez que je vous connaissais même physiquement avant de vous avoir
vue, grâce à ce précieux ouvrage maternel, qui depuis, quand j'ai pu constater qu'un tel pinceau ne
vous avait nullement flattée, m'a tant servi à con-
templer, sans inconvenance, ce regard si modeste et
pourtant si expressif, cette physionomie à la fois
ouverte et distinguée, ainsi que beaucoup d'autres
attributs enchanteurs, que ma myopie ne m'a pas
fait perdre. Sous l'aspect moral, j'ai été encore mieux
renseigné, par la confiance loyale de votre estimable
frère, et surtout ensuite de votre excellente mère.
Pour ne vous en citer qu'un seul trait, mais bien
décisif, je vous rappellerai votre admirable résistance, si conforme à mon propre caractère, à acheter
une douce aisance par une dépendance qui, chez les
âmes de notre trempe, ne saurait jamais être vrai-

ment honorable, de quelque décoration qu'on la couvre. Sans insister ici sur bien d'autres documents analogues, en voilà maintenant assez, ma noble amie, pour devoir être désormais convaincue que mon inaltérable sympathie n'a pas été aussi aveugle que vous l'aviez cru jusqu'à présent. Vous le reconnaîtrez pleinement dans la suite.

Cette rapide indication, en écartant d'avance de nos prochaines entrevues un sujet trop justement séducteur, doit aussi vous faire comprendre que notre amitié n'est pas moins fondée sur l'estime de mon côté que du vôtre : les moyens respectifs d'appréciation mutuelle sont, au fond, presque également décisifs des deux parts, sans être semblables. Une telle conviction vous inspirera, j'espère, plus de foi dans ma ferme résolution de respecter toujours les sages limites générales que notre commun bonheur doit prescrire à toutes nos relations. Croyez bien d'ailleurs qu'une pleine confiance a seule tout pouvoir sur

Votre ami dévoué,
A^{te} COMTE.

10 h. 1/4.

Après avoir soigneusement récrit cette longue lettre, et au moment de l'aller jeter à la poste, j'ai résolu de ne pas l'envoyer, de peur d'affliger encore ma noble amie. Je me féliciterai, j'espère, de cette vertueuse résolution prise dans mon plus pénible état de faiblesse physique.

(J'ai d'abord brûlé l'original).

DOUZE LETTRES

A

M. ET MADAME MARIE

1845-1846.

I

Mon cher Monsieur Marie,

Je comptais bien cette fois, après une trop longue privation, venir ce soir retrouver, au milieu de vous tous, ces amples et cordiales causeries qui me rendent votre maison plus précieuse qu'aucune autre ; je savourais d'avance la délicieuse musique que votre charmante épouse veut bien me faire, et à laquelle ma profonde mélancolie actuelle me rendrait encore plus sensible. Mais l'essai que je viens de faire de mes forces en allant ce matin, quoiqu'en voiture, reprendre ma besogne officielle n'a pas été plus heureux que mes efforts d'hier pour revenir un peu à la nourriture solide : si, depuis lundi, je ne reste plus, comme auparavant, de deux nuits l'une sans fermer l'œil, il s'en faut pourtant de beaucoup que j'aie recouvré assez de sommeil. Cette maladie s'est heureusement bornée au système nerveux ; ce qui, d'ailleurs, en la rendant moins dangereuse, empêche aussi les spectateurs peu impressionnables d'en bien comprendre la gravité. Mais l'ensemble de ce tissu fondamental a reçu une atteinte beaucoup plus profonde que je ne l'avais d'abord pensé : je sens aujourd'hui qu'elle ne pourra se réparer que très lentement et surtout par les moyens moraux. La prostration est telle que tout effort prolongé m'agite extrêmement. Dans cette situation, le peu d'énergie physique qui m'est déjà revenu doit être soigneusement destiné à éviter une nouvelle suspension de mes devoirs journaliers : je suis même hors d'état d'aller dimanche reprendre mon cours public. Après les sorties indispensables, le repos et la limonade doivent donc encore rester, pour quelques jours, ma grande affaire. Les plus attrayantes conversations, et même la plus douce musique, seraient aujourd'hui des aliments trop savoureux. Écrire me convient mieux jusqu'ici que parler ou même écouter : c'est à peine si je recommence à goûter un peu ma seule diversion habituelle, la lecture de mes chers poètes.

Je me vois donc forcé, par ces impérieux motifs, d'ajourner à mercredi prochain l'heureuse soirée que j'espérais tant aujourd'hui. Recevez, à ce sujet, mes regrets bien sincères et faites-les, je vous prie, agréer à vos trois aimables dames.

Tout à vous.

A^{te} COMTE.

II

(Alla cara madre della mia Clotilde).

A Madame MARIE, née DE FICQUELMONT.

(8 juin 1845).

Madame,

Je m'empresse de vous informer que je viens de pouvoir faire une leçon publique, et d'une manière qui me satisfait, sans en être trop fatigué. Outre l'importance propre que j'attache à cet office, cette épreuve de mes forces m'est aujourd'hui précieuse, en ce qu'une telle occupation active m'était bien plus difficile à reprendre que les occupations essentiellement passives auxquelles j'étais déjà retourné. Ce nouveau pas vers l'état normal me semble d'autant plus décisif qu'il s'accomplit ainsi malgré l'ébranlement résulté ces jours derniers, d'un grand effort qu'un motif irrésistible m'a obligé d'exercer sur moi-même, et qui, quoique courageusement opéré, n'a pu l'être, dans mon trouble nerveux actuel, sans déterminer une excitation qui promet de devenir encore plus dangereuse que l'abattement antérieur. L'expérience d'aujourd'hui me fait espérer que j'aurai, au contraire, assez bien gouverné cette secousse morale pour la rendre favorable au prochain retour de ma pleine santé. Permettez-moi, ma chère dame, de vous faire hommage de cette amélioration décisive, que j'attribue surtout aux deux bienfaisantes soirées que j'ai pu enfin passer cette semaine auprès de l'excellente famille que vous représentez si bien.

En vous quittant avant-hier, Madame, je crains de vous avoir trop peu exprimé combien je suis profondément touché, et je pourrais dire jusqu'aux larmes, des soins affectueux dont je me trouve de plus en plus entouré dans cet heureux milieu. Pour mieux sentir le prix que j'y dois attacher, il faut savoir à quel point mon cœur éminemment expansif, s'est vu presque toujours privé des diverses émotions de la famille. Un fatal mariage, sans me procurer les affections inhérentes aux affections volontaires, m'a fait perdre depuis longtemps celles qui résultent des relations involontaires en fournissant une base trop efficace aux manœuvres d'une indigne sœur qui, pour mieux assurer d'avides calculs, m'a graduellement enlevé toute l'affection de mon père, bon, mais faible, et d'ailleurs assujetti à elle par ses infirmités. En perdant, il y a huit ans, la plus tendre des mères, j'ai aussi vu s'évanouir tout espoir de rattacher à un vrai retour des relations filiales les suites naturelles de l'indispensable séparation qui m'a délivré, il y a trois ans, de l'oppression domestique, et que ma volonté a dû rendre d'autant plus irrévocable que j'ai eu le mérite de ne l'avoir nullement provoquée. Vous, Madame, dont l'exquise et ingénieuse bonté me rappelle si vivement cette excellente mère, vous comprendrez ainsi désormais la douce sympathie que l'heureux spectacle d'une famille aussi bien composée et aussi unie que la vôtre doit spécialement inspirer à un cœur avide par-dessus tout d'affections domestiques, dont il n'a pourtant, sans aucun tort grave, presque jamais joui. C'est pourquoi je ne regrette pas de m'être laissé entraîner à une courte explication générale convenable, à mes yeux, aux heureuses habitudes d'intimité qui paraissent tendre à me lier solidement à toute votre digne famille.

Veuillez agréer, Madame, l'assurance bien sincère de l'affectueuse reconnaissance de

Votre tout dévoué,

A^{te} COMTE.

Dimanche soir 8 juin 1845 (4 h.).

En me permettant avant-hier, hors de mes habitudes, une sortie qui pouvait sembler absolue contre votre aristocratie nationale, j'aurais dû me souvenir, Madame, que vous en êtes issue. Sans doute, votre judicieuse bienveillance sait toujours suppléer aux nombreuses exceptions particulières qu'on peut oublier de formuler en lançant de tels traits collectifs. Mais il eût été plus convenable que je fisse, en pareil cas, une réserve expresse des honorables modifications spéciales que j'ai toujours liées à cette opinion historique, même envers notre noblesse de cour, et surtout quant à la noblesse de province qui, mieux préservée dans ses châteaux de la dégradation monarchique, avait dû conserver davantage la dignité féodale. Je regretterais beaucoup, en général, d'être supposé imbu d'aucun préjugé absolu contre ou pour une classe quelconque.

III

A Madame MARIE, née DE FICQUELMONT.

Vendredi matin 12 septembre 1845 (6 h.).

Ma chère Dame,

J'espère encore pouvoir venir reprendre ce soir les précieuses habitudes de double visite hebdomadaire que vous avez bien voulu autoriser au sein d'une famille où j'ai tant à gagner par un cordial échange de nobles entretiens. Mais je ne veux pas subordonner à une santé trop compromise la satisfaction de vous exprimer immédiatement combien j'ai été touché de votre charitable visite d'hier, et combien j'ai regretté de n'avoir pu en profiter. Ayant commencé ma journée par essayer, presque en vain, de reprendre mon grand travail, j'ai été forcé de m'aliter dans l'après-midi, et je me trouvais allongé lors de votre arrivée : j'avais ainsi été privé, un instant avant, de recevoir aussi mon médecin. Une moins mauvaise nuit me permet de compter, quoique sans certitude, sur mon heureux projet de ce soir. En cas cependant qu'il ne puisse se réaliser, je vous prie déjà, ma chère dame, de vouloir bien témoigner à Monsieur votre mari l'extrême plaisir que j'aurais eu hier à recevoir son honorable visite. Je serais confus d'avoir été ainsi devancé par un homme aussi respectable, s'il ne savait pas que son absence m'avait seule empêché de me présenter d'abord chez lui, ce que j'eusse même fait, depuis son récent retour, sans mon état maladif; puissé-je n'être pas longtemps privé du plaisir de réparer envers lui ce double contretemps.

Daignez agréer, ma chère dame, avec votre bonté accoutumée, l'assurance bien sincère de la profonde estime et du respectueux attachement de

Votre tout dévoué,

A^{te} COMTE.

IV

Madame MARIE, née DE FICQUELMONT.

Jeudi 27 novembre 1845.

Ma chère Dame,

Comme je vous l'indiquais lundi, les nouvelles occupations quotidiennes imposées par ma situation passagère m'obligent maintenant à restreindre de moitié les précieuses diversions hebdomadaires dont vous aviez bien voulu me laisser contracter la douce habitude pendant mes longues vacances polytechniques. Dès demain, jour de la reprise de mon service à l'École, je cesserai, à mon grand regret, de venir passer chez vous la soirée du vendredi. Mais, en subissant cette fâcheuse nécessité, je me suis du moins assuré la conservation de ma visite du lundi, que j'aurai soin de préserver contre toutes semblables modifications ultérieures.

A lundi donc, ma chère dame. Veuillez, en attendant, faire agréer à toute votre famille l'expression de mes sincères regrets, et recevez la nouvelle assurance du respectueux attachement de.

Votre tout dévoué,

A^{te} COMTE.

V

A Madame MARIE, née DE FICQUELMONT.

Lundi matin 29 novembre 1845 (6 h.).

Ma chère Dame,

Quoique votre fils ait mal accueilli ma consciencieuse appréciation du premier tiers de son manuscrit actuel, je suis encore tout disposé à l'éclairer sur l'ensemble de ce travail, si vous pensez qu'une aveugle présomption ne l'empêche pas de comprendre et d'utiliser les sincères inspirations d'une amicale sollicitude. Mais cette récente épreuve m'interdit aujourd'hui de prendre l'initiative à ce sujet, sur lequel je dois désormais attendre, autant pour lui-même que pour moi, qu'il ait spécialement demandé mon opinion définitive.

> Votre respectueux ami,
>
> Aᵗᵉ Comte.

VI

Dimanche matin 5 avril 1846.

Monsieur,

Je vous ai spécialement signalé hier l'imminent danger que font maintenant courir à notre chère Clotilde, la faiblesse de sa mère, l'incapacité du Dʳ Cherest, et, j'ose ajouter, les mauvais sentiments d'un fils et d'une bru peu dignes de vous. D'après ces motifs, je dois aujourd'hui vous sommer, au nom de la puissante affection qui nous est commune, de veiller, avec une constante sollicitude, suivant votre loyale promesse, aux mesures qu'exige une situation aussi difficile. Vous avez beaucoup contribué, Monsieur, à m'éloigner momentanément de ma malheureuse fille adoptive. Songez que, tant que durera cet abus de l'autorité paternelle, vous encourriez une bien grave responsabilité morale si, par votre négligence ou votre insuffisante indépendance de jugement, il nous arrivait quelque malheur que ma présence aurait pu empêcher.

Afin de vous mieux éclairer sur la nécessité de votre infatigable surveillance et de votre inflexible fermeté, je dois vous révéler un secret domestique, qui vous fera comprendre que votre indigne fils gagnerait beaucoup plus que vous ne croyez à la mort de sa sœur.

Depuis quelques années, M. le comte de Ficquelmont, votre beau-frère, envoie annuellement à votre femme *huit cents francs*, destinés aux besoins de Clotilde, par suite de ses malheurs inouïs. M. Maximilien Marie et sa jeune femme espèrent, sans doute, avec assez de fondement, que si Clotilde disparaissait, cette somme entrerait tout entière dans leur ménage, où elle a déjà été détournée en grande partie par l'injuste prédilection de votre femme. J'ai souvent blâmé Clotilde de vous avoir caché un acte annuel aussi important, qui devait avant tout être connu du vrai chef de la famille. Mais la noble enfant m'a toujours répondu que sa mère lui avait fait promettre le silence envers vous au sujet de cette ressource exceptionnelle. Quant à moi, je crois devoir, aujourd'hui, pour vous éclairer sur une situation qui s'aggrave journellement, vous transmettre, sans l'avoir consultée, ce renseignement essentiel. Si nous avons le bonheur de la faire revivre, malgré les sottises médicales, j'espère qu'elle ne m'en voudra pas d'avoir ainsi trahi son secret, et que vous-même lui pardonnerez un silence fondé seulement sur un respect irréfléchi pour sa mère.

Daignez agréer, Monsieur, l'assurance bien sincère de la respectueuse estime de

Votre dévoué,

A^{te} COMTE.

Copie de l'enveloppe :

Écrite le dimanche matin 5 avril 1846, à 11 h.

A Monsieur le Capitaine MARIE père,
Pour remettre à lui seul en mains propres, ou rapporter la lettre
s'il est absent.

La prudence de ma bonne Sophie lui a fait ajourner la remise de cette lettre parce que le capitaine était avec sa femme et son fils. A mon arrivée, à deux heures, l'état de la chère victime m'a convaincu que cette lecture était inutile et même dangereuse. Je l'ai donc reprise aussitôt, pour la consigner, avec sa double enveloppe primitive, parmi mes intimes reliques, sauf à l'envoyer plus tard, s'il y a lieu, ce qui, depuis la catastrophe, devient fort douteux.

Lundi 6 avril 1846 (midi).

VII

A Monsieur le Capitaine MARIE père,
18, rue Miromesnil.

Lundi matin 7 avril 1846.

Monsieur,

Dans la nuit du 2 au 3 avril, votre fille déclara formellement, devant son frère et Mme Stanislas, qu'elle m'avait légué son dernier manuscrit non achevé, déjà soumis par elle à mes amicales consultations littéraires. Quand ma bonne Sophie prit congé de votre famille après le coup fatal, votre fils la chargea expressément de m'annoncer que ce legs me serait bientôt envoyé. Néanmoins, sa mère vient hier de rejeter finalement ma réclamation spéciale à cet égard, en proclamant sa résolution de garder le manuscrit.

En second lieu, pendant notre espoir momentané du samedi 4 avril, je vous informai, comme vous savez, que trois jours auparavant, Mme de Vaux m'avait remis l'ensemble de mes lettres, pour les lui rendre quand elle se rétablirait, ou les garder si elle succombait. Ce recueil s'est trouvé manquer de mes *sept* dernières lettres qui ont dû être serrées ailleurs, sans doute par l'insuffisance d'une boîte déjà remplie des autres. La juste restitution que j'avais demandée à ce sujet vient encore d'être directement refusée dans la réponse ci-dessus mentionnée.

Je me trouve ainsi forcé, Monsieur, en vous exposant ces deux faits, d'invoquer ici votre suprême intervention spéciale comme l'unique chef de votre famille, pour empêcher envers moi une double violation aussi peu légitime des dernières volontés de mon éternelle amie.

Veuillez, Monsieur, agréer, à cette occasion, la nouvelle assurance de l'affectueux respect de

Votre dévoué serviteur,

A^{te} COMTE.

Par l'intermédiaire de M. Lenoir, j'ai reçu de M. le capitaine Marie (demeurant à Paris, 18, rue Miromesnil) la somme de *cent cinquante francs*, en remboursement de quelques avances que j'avais faites à sa fille, feu Mme de Vaux, ma meilleure amie.

En acceptant cette restitution inattendue, pour respecter la noble délicatesse d'un père affligé, qu'il me soit permis de déplorer l'affectueuse indiscrétion relative à cet innocent mystère. Je regrette aussi de n'avoir pas demandé à Mme de Vaux, comme un dernier témoignage d'attachement, qu'elle n'eût point refusé sans doute à mes cordiales supplications, de vouloir bien agréer ouvertement, à titre de don funèbre, l'ensemble des légères avances que j'ai pu lui faire pendant tout le cours de notre sainte amitié.

A{te} COMTE.

(10, *rue Monsieur-le-Prince*).

En note : 1re édition critiquée par M. Lenoir.
Au dos : Reçu envoyé à M. Lenoir, le mercredi 15 avril 1846, par M. Marie père.

Au bas de la page :

Cette fâcheuse restitution, que je n'ai pu éviter, ne correspond, heureusement, qu'au tiers du véritable ensemble des cordiales avances, dont la majeure partie restera, j'espère, toujours secrète sous sa sainte tombe.

VIII

M. Comte a l'honneur d'envoyer à Mme Marie, la mère, la liste déjà demandée des divers objets prêtés par lui à Mme de Vaux :

EFFETS.

Un lit de sangle pour la garde ;
Le matelas de ce lit ;
Le matelas supérieur du lit funèbre ;
Un oreiller de plume dans une taie en toile marquée C. M. ;
Deux paires de draps en toile fine, marquées C. M. ; l'une est peut-être restée intacte dans la commode ;
Une paire de draps en toile ordinaire, marquée C. M., pour le lit de la garde ;
Dix-huit serviettes en toile fine, à liteaux bleus, marquées C. M. ;
Dix-huit mouchoirs blancs en toile fine, marqués C. M. ;
Une veilleuse en porcelaine dorée ;
Un pot de cristal, pour gelée de pomme.

LIVRES.

Tom-Jones (3 doubles volumes in-12, demi-reliure) ;
L'opuscule posthume de Sophie Germain (brochure in-8) ;
Une demi-reliure in-8, contenant le *Discours sur l'esprit positif,* par A^{te} Comte, et l'*Opuscule philosophique* de Littré ;
Un volume in-12, broché, de George Sand, contenant les *Lettres à Marcie ;*
Les deux premiers volumes de Sterne (reliés) ;
Deux volumes in-8 de Walter Scott (demi-reliure) ;
Le premier volume de Gall (demi-reliure) ;
Les *Mémoires* de Mme de Motteville (5 vol. in-12, reliés) ;
Les *Mémoires* de Mme Roland (2 vol. in-8, brochés) ;
Les *Mémoires* du Chevalier de Grammont (2 pet. vol. reliés)
La Princesse de Clèves (2 petits vol. reliés) ;
Zayde (2 petits vol. reliés) ;

Péregrinus Proteus (1 pet. vol. relié) ;
Les Confessions du Comte de *** (1 vol. in-12, relié).
Total quinze ouvrages, formant vingt-six volumes, sauf oubli.

Plus le manuscrit légué à M. Comte par Mᵐᵉ de Vaux, sous le titre de *Wilhelmine* probablement. (Elle l'a indiqué comme placé dans le second tiroir de sa commode.)

Mercredi 15 avril 1846.

Aᵉ COMTE.

P.-S. — Le mercredi 1ᵉʳ avril, Mᵐᵉ de Vaux remit à M. Comte l'ensemble des lettres de celui-ci, renfermées, sans aucun autre objet, dans une boîte à gants que M. Comte lui avait offerte lors du baptême où il lui fut associé. Elle désirait que ce dépôt lui fût rendu par M. Comte quand elle se rétablirait, ou qu'il en devînt possesseur si elle succombait.

D'après les moyens de vérification qui lui sont propres, M. Comte vient de reconnaître que cette collection manque de ses *sept* dernières lettres, intérieurement précédées des nᵒˢ respectifs 88, 89, 90, 91, 92, 93, 94, et suivies de leurs dates correspondantes, 1ᵉʳ mars 1846, 4 mars, 5 mars, 9 mars, 11 mars, 17 mars. Ces sept lettres ont dû être serrées ailleurs, par suite, sans doute, de l'insuffisance d'une boîte déjà pleine. Si Mᵐᵉ Marie les retrouve, M. Comte espère qu'elle voudra bien les lui renvoyer aussi, selon l'évidente intention de sa fille.

IX

À Monsieur le Capitaine MARIE, 18, rue Miromesnil.

Dimanche 19 avril 1846.

Monsieur,

C'est seulement lundi soir que M. Lenoir m'a informé qu'il avait déjà accepté pour moi, dès le mercredi précédent, le montant d'une restitution dont vous éprouviez le juste besoin, mais qui m'inspirait une répugnance non moins légitime. Je lui ai déclaré, le lendemain matin 14 avril, que j'acceptais enfin ce remboursement, toutefois avec le regret de n'avoir pas spécialement demandé à votre fille, comme une dernière marque d'affection, de vouloir bien agréer ouvertement l'ensemble des avances que j'ai pu lui faire pendant tout le cours de notre sainte amitié. Le mercredi 15, en conséquence de cette restitution finale, j'ai mandé pour vous à M. Lenoir mon double reçu définitif, à échanger contre son reçu provisoire. Ayant appris ce matin qu'il ne vous l'a pas encore envoyé, je crois devoir prendre moi-même ce soin un peu tardif, en laissant subsister la date primitive. J'espère que la sommaire appréciation morale jointe par moi à cette pièce confidentielle ne vous offrira rien de pénible ; en tous cas, je repousse d'avance, à ce sujet, toute intention désobligeante.

Veuillez, Monsieur, agréer à cette occasion, l'assurance bien sincère de l'affectueux respect de

Votre tout dévoué,

AUGUSTE COMTE.

Permettez-moi, Monsieur, de saisir cette occasion pour vous prier de me faire savoir exactement quand le cercueil de ma malheureuse amie sera transféré, du caveau provisoire, à la tombe définitive.

X

A Madame MARIE, la mère.

Samedi 25 avril 1846.

M. Comte a reçu hier matin tous les effets et livres prêtés par lui à Mme de Vaux, sauf le tome Ier des *Mémoires* de Mme de Motteville. Ce volume est peut-être entre les mains de M. le capitaine Marie, qui quelquefois lisait les livres de sa fille. Si cette conjecture se vérifie, M. Comte, loin de presser aucunement la rentrée de ce tome, y joindrait avec plaisir les suivants.

Les petits volumes de Scarron, que Mme Marie a bien voulu d'elle-même ajouter au renvoi d'hier, appartiennent, en effet, à M. Comte, qui les avait oubliés sur sa liste.

De tous les objets réclamés dans sa note du 15 avril, M. Comte n'attend donc plus que ses *sept* lettres de mars, et le manuscrit non achevé légué à lui par Mme de Vaux. Quelques indications spontanées autorisent indirectement M. Comte à croire que les lettres sont déjà retrouvées, au moins en partie ; il pense d'ailleurs que le manuscrit ne saurait être perdu. C'est pourquoi il espère que Mme Marie voudra bien lui faire prochainement parvenir tous ces papiers. En recevant hier, avec un affectueux respect, la robe qui lui avait été léguée, la bonne Sophie a chargé M. Comte de témoigner combien la touchent les souvenirs reconnaissants de la famille Marie.

XI

A Monsieur le Capitaine MARIE.

Mercredi 6 mai 1846.

J'ai eu l'honneur, le lundi 27 avril, d'adresser, par la poste, à M. le capitaine Marie, une lettre importante. Un silence total me fait craindre qu'elle ne soit point parvenue, d'après quelqu'un de ces accidents qui, quoique heureusement devenus très rares, restent encore strictement possibles. C'est pourquoi je crois devoir aujourd'hui envoyer ci-dessous une exacte copie, par un commissionnaire qui ne la remettra qu'en mains propres. J'espère ainsi obtenir, à ce sujet, une réponse quelconque, quand même M. le capitaine Marie ne pourrait pas, malgré son indubitable intention, réparer effectivement le double abus contre lequel je réclame un juste exercice de sa suprématie domestique.

(Suit la précédente copie littérale).

XII

A Monsieur le Capitaine MARIE père.

Le 16 octobre 1846.

Monsieur,

La démarche que vous avez bien voulu faire auprès de moi avant-hier m'a profondément touché, d'après le récit de ma fidèle Sophie. Je sens tout le prix des nobles regrets aussi loyalement témoignés sur ce qui s'est passé entre nous dans une douloureuse crise. Mais cet incident trop explicable ne m'avait d'ailleurs laissé envers vous aucun souvenir irritant. Je n'ai jamais oublié que personne, dans votre famille, n'appréciait autant que vous celle que notre vertueuse intimité me permettra toujours de pleurer hautement comme une seule compagne véritable.

Quant à la coupable mesure à laquelle une aveugle mère s'est laissé entraîner contre moi par les mauvaises passions de son fils, je n'ai pas besoin de votre désaveu spécial pour être déjà certain que votre loyauté guerrière en avait été révoltée. J'apprends, en outre, sans surprise, qu'une telle conduite a été complétée en refusant la réparation prescrite par votre juste autorité domestique.

En appréciant dignement l'ensemble de vôtre démarche spontanée, j'espère aussi, Monsieur, vous faire goûter les motifs qui empêchent de satisfaire votre honorable désir de me voir.

Depuis l'affreuse catastrophe dont je ne dois pas tenter de me consoler, ma solitude habituelle est devenue encore plus triste qu'auparavant; il y a, par exemple, plusieurs mois que je n'ai vu M. Lenoir. Le délabrement de ma santé à la suite d'une telle crise suffirait pour m'imposer ce régime indispensable. Le peu de temps que me laissent de pénibles occupations professionnelles, doit d'ailleurs être consacré tout entier à mes grands travaux philosophiques, dont la pleine exécution exige, à mon âge, que j'utilise jusqu'aux moindres instants. Mon ouvrage actuel m'importe d'autant plus qu'il est dédié à ma sainte Clotilde ; j'espère que cette confidence touchera votre cœur paternel : si je n'ai pu préserver sa vie, puissé-je du moins immortaliser son nom !

Outre ces motifs généraux, à la fois intellectuels, moraux et même physiques, qui me prescrivent le plus d'isolement possible, vous sentirez aisément, Monsieur, que je dois surtout éviter toute société qui, comme la vôtre, ranimerait nécessairement mes plus douloureux souvenirs. Mon état nerveux m'interdit toutes les émotions que je puis m'épargner.

Quoique votre visite ne m'ait affecté qu'en récit, elle m'a pourtant assez troublé pour m'empêcher de vous répondre dès hier, comme je l'avais voulu. J'espère donc, Monsieur, que vous ne me saurez aucun mauvais gré d'un refus commandé malgré moi, par des raisons aussi puissantes, auxquelles vous êtes entièrement étranger.

Comme depuis six mois mon état ne s'est guère amélioré, je crains que ces pénibles précautions ne doivent encore durer longtemps, et peut-être toujours. Si jamais je sens que je puis enfin m'en affranchir, soyez assuré, Monsieur, que j'aurais beaucoup de satisfaction à courir au devant du père de mon éternelle amie. Jusque-là, bornons-nous à pleurer sincèrement, chacun de son côté, l'ange que nous avons perdu.

Veuillez, Monsieur, agréer la nouvelle assurance de ma respectueuse estime.

A^u Comte.

En renouvelant, il y a deux mois, mon abonnement aux Italiens, j'ai définitivement abandonné mes deux stalles du samedi pour ne garder que celle du jeudi. Peut-être même cette unique soirée hebdomadaire excédera-t-elle souvent mes forces actuelles. Je regrette de ne pouvoir plus vous faciliter aucunement l'accès de ce théâtre.

NEUF LETTRES A M. LENOIR

1846.

I

A Monsieur LENOIR.

Mardi matin 14 avril 1846 (8 h.).

Mon cher ami,

Je viens de brûler la lettre que, avant de me coucher, je préparai hier pour M. Marie, le père, et où d'ailleurs j'avais déjà supprimé spontanément le généreux mensonge final. D'après vos dernières explications, notre amitié me semble exiger que je surmonte ici toutes mes propres répugnances, afin de ne pas démentir votre cordiale initiative en un cas aussi important. Je me décide donc à regarder cette restitution partielle comme la suite presque inévitable de l'affectueuse indiscrétion que je reprochai à ma noble amie en novembre. Quoique très convaincu que je l'eusse finalement amenée à l'acceptation solennelle d'un don total si je l'en avais expressément suppliée, il faut bien, puisque je n'ai pas réellement satisfait à cette condition préalable, que je porte quelque peine de ma négligence involontaire. D'ailleurs, suivant l'heureuse conjecture de votre amicale modération, j'entre peut-être davantage dans les délicates intentions de ma Clotilde, en consentant à ce tiers de remboursement, qui consolide mieux la majeure partie de notre intime secret. Si vous voulez bien venir ce soir, comme de coutume, je vous consulterai sur la forme de reçu la plus propre à tout concilier autant que possible. Grâce à cette résolution finale, j'espère que bientôt il ne restera aucune trace des vivacités et des froideurs qui nous ont mutuellement attristés hier : en ce qui me concerne, je vous prie de les pardonner au trouble général résulté de ma trop juste douleur. Vous savez déjà combien d'ailleurs je suis disposé d'avance à ratifier tout ce que vous allez amicalement tenter au sujet de mon second conflit avec une famille qui, malgré tous ses torts, sera toujours protégée auprès de moi par le généreux pardon de Clotilde. C'est aujourd'hui ma première visite à la sainte tombe : j'y veux déposer toute irritation, et offrir un tendre hommage des divers sacrifices de mon cœur. Puissé-je, par tant de concessions, obtenir enfin un peu de ce calme, intérieur et extérieur, si indispensable à ma profonde mélancolie ! Adieu, à ce soir.

Tout à vous,

A^{te} Comte.

II

A Monsieur LENOIR.

Mercredi matin 15 avril 1846 (9 h.).

Voici, mon cher ami, le reçu destiné à M. Marie père ; je suis d'ailleurs disposé d'avance à y faire toutes les modifications que vous jugeriez convenables.

Si les organes de M. Marie fils reviennent sur la discussion inattendue dont vous m'avez parlé hier, je vous prie de leur déclarer, en mon nom, que je ne reconnais à personne le droit d'exercer une telle inquisition, ni sur mes propres sentiments ou actes, ni même sur ceux de Mme de Vaux : toute semblable prétention eût suffi, dès l'origine de cette affaire, pour me faire expressément rejeter tout projet d'entrevue. La mère et le frère de ma noble amie ont persisté jusqu'au bout à vouloir la traiter en petite fille : mais je saurai bien forcer cette ignoble tyrannie de l'argent à s'arrêter au bord de sa tombe. Faites-leur signifier, je vous prie, que sa mémoire m'est au moins aussi chère qu'à eux, et que je crois connaître mieux qu'eux ce qui lui convient réellement, sans accepter, à ce sujet, aucun précepte ou conseil que je n'ai point demandés.

Je sais que votre amicale prudence n'est pas dépourvue d'une véritable fermeté, quand le cas l'exige. C'est pourquoi je vous laisse entièrement juge du moment où vous devrez empêcher que ces conférences soient ainsi détournées de leur destination annoncée.

Tout à vous,

A^{te} Comte.

III

A *Monsieur* LENOIR.

Vendredi matin 17 avril 1846 (9 h.).

Je vous envoie, mon cher ami, pour M. Marie père, une seconde édition du reçu principal, avec le reçu accessoire. Comme vous ne me reprochiez hier qu'un peu de longueur, j'ai seulement contracté davantage mon appréciation morale de la restitution. Par là j'espère que le nouveau reçu vous semblera propre à être aussitôt expédié sans inconvénient. Si cependant vous y trouviez encore quelque danger, je vous prierais de me proposer franchement votre rédaction.

Puisque vous n'avez pu, avant-hier, lire aux organes réunis de M. Marie fils le mot que je vous mandais à cette intention, je vous prie d'en donner connaissance à celui des deux que vous verrez séparément, à moins que vous ne préfériez réserver cette déclaration pour votre visite projetée à Mme Marie la mère. Il m'importe que la mère et le frère de mon éternelle amie sachent bien que, en son nom comme au mien, je proteste formellement contre toute enquête ou discussion tyrannique relative à notre liaison, dont nous ne devions aucun compte à personne. Entre nous, je regrette beaucoup que vous ayez jamais laissé établir ce débat sur un tel terrain, d'ailleurs pleinement étranger à l'unique objet primitif des explications demandées.

Tout à vous,

A^te COMTE.

IV

A Monsieur LENOIR.

Dimanche matin 19 avril 1846 (8 h.).

Mon double reçu d'avant-hier est-il enfin entre les mains de M. Marie père? Au cas contraire, je vous prie, mon cher ami, de ne plus vous en occuper du tout. Car je suis alors décidé à risquer moi-même un tel envoi dès ce matin, sans m'arrêter davantage à des scrupules de rédaction qui, je crois, toucheront fort peu ce vieux militaire; lequel, d'un autre côté, connaissant depuis mardi mon acceptation, doit commencer à trouver étrange que je lui fasse tant attendre le reçu définitif.

Tout à vous,

A^{te} COMTE.

Sophie attendra votre réponse.

V

A Monsieur LENOIR.

Mardi matin 21 avril 1846 (8 h.).

Mon cher ami,

J'ai envoyé dimanche au capitaine Marie mon reçu définitif, en ayant beaucoup égard, dans la rédaction morale, à vos sages indications. Pour vous débarrasser enfin de ces 186 francs, je les envoie prendre ce matin par Sophie, à qui vous savez qu'on peut tout remettre en parfaite sécurité.

Comme je vous l'avais annoncé, j'ai écrit hier à M. d'Aguiar (en lui adjoignant son collègue), afin de séparer nettement l'unique objet légitime des conférences actuelles d'avec les empiètements abusifs tentés ensuite sur un terrain sacré. Sous le premier aspect, cette lettre vous maintient expressément mes pleins pouvoirs spéciaux d'éclaircissement et de conciliation. Mais, quant à l'autre, j'y déclare que votre langage représente seulement votre opinion personnelle, sans aucune mission de ma part, sur un sujet envers lequel je n'admets aucune discussion ni explication quelconque. Cette résolution tranchée va, j'espère, beaucoup simplifier et abréger votre amicale besogne, en supprimant d'inconvenants et interminables débats, ainsi transformés en oiseuse conversation. Déjà je sens que par là ma douleur se trouvera plus libre aujourd'hui dans ma funèbre visite hebdomadaire.

Tout à vous,

A^{te} Comte.

VI

A Monsieur LENOIR.

Mercredi matin 22 avril 1846 (8 h.).

Mon cher ami,

Voulant éviter à votre vieille bonne, presque autant qu'à vous-même, la peine de m'apporter l'argent du capitaine Marie, j'envoie de nouveau Sophie le recevoir de vous ce matin.

Quant à l'ignoble affaire, je vous prie instamment de ne m'en plus parler du tout, excepté pour me transmettre quelque proposition formelle, où ma décision soit indispensable. Déjà les idées philosophiques pour mon second grand ouvrage commencent à me revenir spontanément, avec le noble caractère mélancolique désormais propre à l'état fondamental de mon cœur ; je veux utiliser et fortifier, autant que possible, cette heureuse disposition. La plus douloureuse crise de ma vie me rendra, j'espère, encore meilleur, à tous égards. Je sens que l'âge des passions privées est maintenant terminé pour moi : il ne pouvait certes plus dignement finir. Ma haute mission sociale doit désormais m'absorber entièrement, et peut seule d'ailleurs adoucir mon éternelle douleur. L'intime bonheur privé n'existe plus pour moi que dans les inaltérables souvenirs d'une année sans pareille. Qu'on me laisse donc consacrer paisiblement toutes mes forces à l'inépuisable service de l'humanité.

C'est afin d'écarter une discussion indigne de moi que j'ai fait une démarche finale, qui change nécessairement une situation mal dirigée jusqu'ici : l'expérience vous prouvera, j'espère, que cette mesure est aussi sage qu'énergique. Si les intermédiaires ne savent plus que faire, ils s'abstiendront, sans doute, et tout le monde y gagnera probablement. Mon adversaire (car, au fond, je n'en ai qu'un seul) ne parviendra point à m'intimider par la perspective indirecte d'une funeste issue. Très décidé à refuser noblement tout pareil duel, et certain d'ailleurs que toute publicité me serait ici favorable finalement, je n'aurais donc là réellement à craindre qu'une tentative d'assassinat. Or, ce jeune homme, outre sa juste crainte des lois, repoussera, sans doute, une aussi étrange manière de réfuter le reproche formel d'ingratitude envers moi, que je lui adressai en face, le samedi 4 avril, devant son père, sans aucune objection de celui-ci. Au reste, nul n'est entièrement à l'abri d'un tel accident, dont personne cependant ne doit se trop préoccuper, sauf les précautions raisonnables. Je vous renouvelle donc, mon cher ami, la prière spéciale de ne plus m'entretenir de tout cela, hors les cas de stricte nécessité.

Tout à vous,
AUGUSTE COMTE.

VII

A Monsieur LENOIR.

Samedi matin 9 mai 1846 (7 h.).

Mon cher ami,

La copie ci-jointe vous expliquera ce qui m'a forcé d'écrire au capitaine Marie. Vous y reconnaîtrez, j'espère, que je ne pouvais apporter plus de simplicité et de modération dans mon indispensable réclamation contre ce double vol, qui ne comportait qu'une répression domestique. Ceci vous permettra d'ailleurs de mesurer la vraie moralité de la mère et du frère de ma malheureuse amie, et d'apprécier leur prétendue tendresse pour elle. Un tel acte couronne dignement l'ignoble oppression continue qu'ils ont fait peser sur sa vie.

Au reste, ceci constitue ma seule correspondance avec son père, sauf quand je lui envoyai mon reçu. Je n'ai pas plus d'envie de lui écrire qu'il n'en a de me lire. D'ailleurs il n'existe plus maintenant aucun sujet de lettre entre nous. Sa réponse de mercredi à mon commissionnaire a été conforme à ce qu'il vous a dit. Ce dernier acte de faiblesse m'a peu surpris : quoique je pense que sa loyauté guerrière ne lui permet pas d'approuver une telle infamie, je n'espérais guère qu'il intervînt avec assez d'énergie pour la réparer. Malgré son étalage militaire de suprématie domestique, je savais déjà que, au fond, il est rarement le maître dans sa famille. Toutefois je ne lui en veux nullement, et je ne le confondrai jamais avec sa femme et son fils. A mes yeux, il sera toujours le seul d'entre eux qui ait un peu senti, à sa manière, l'éminente nature mentale et morale qu'une inexplicable anomalie fit surgir de cet indigne milieu. Ce que vous me dites de son état actuel me touche beaucoup, la triste issue que vous craignez pour lui ne m'étonnerait guère, d'après l'influence d'une telle secousse sur un vieillard déjà énervé par les abus sexuels. Toutefois, j'ai eu quelques occasions de constater que ses démonstrations sont un peu affectées, et je crois que son repos total constitue réellement sa seule préoccupation profonde.

Puisque nous voilà conduits, pour la dernière fois j'espère, à rompre un moment notre indispensable silence sur ces gens-là, j'en dois profiter afin d'annuler entièrement votre unique mission spéciale envers des personnes avec lesquelles une telle conduite ne me permet plus aucun contact indirect, quelqu'en puisse être le prétexte ou le motif. Je vous aurais plus tôt déclaré cette résolution finale, si je n'avais pensé que mon intervention décisive avait déjà déterminé la cessation spontanée des conférences primitives. Vous voilà donc totalement dégagé de votre amicale corvée. Il ne nous reste qu'à leur témoigner, si vous le jugez à propos, l'indignation personnelle que cette double violation des plus simples règles morales doit inspirer à toute âme honnête et énergique. Quant à moi, je n'ai plus qu'à pleurer librement et travailler dignement.

Tout à vous,

Auguste Comte.

Alinéa oublié : c'était l'avant-dernier. Quand vous le verrez, je vous prie de lui demander, comme je l'ai déjà fait en lui envoyant le reçu, de m'informer, par votre intermédiaire, du transport effectif de ma pauvre Clotilde à sa tombe définitive ; tel est, je présume, l'objet de son appel à la préfecture. Ce n'est pas que je veuille assister à cette opération, où je pourrais être exposé à revoir ces gens-là. Mon seul but est d'éviter toute méprise ou hésitation dans ma sainte visite hebdomadaire. Je n'ai plus à demander au capitaine Marie que ce simple renseignement, que je pourrais même obtenir, au besoin, des employés du cimetière, si, contre mon attente, il rejetait une demande aussi naturelle.

N.-B. — J'ai eu, en effet, ce renseignement par l'employé que j'en avais chargé. Le dimanche matin 10 mai, il est venu m'avertir que l'exhumation et le transfert avaient eu lieu la veille, à 9 heures du matin.

VIII

A Monsieur LENOIR.

Dimanche matin 11 octobre 1846.

Monsieur Lenoir,

Je vous remercie de m'avoir enfin donné directement de vos nouvelles. Malgré vos fatigues actuelles, je vois avec plaisir que vos infirmités ordinaires ne s'aggravent pas. Je suis heureux d'apprendre aussi que vos tracas de déménagement sont ajournés jusqu'en janvier.

La partie récriminatoire de votre lettre me semble peu claire. J'y crois deviner que vous me reprochez surtout de n'être pas allé vous voir depuis votre dernière visite du 16 août. Si je me suis borné à vous envoyer trois fois Sophie, c'est parce que la cessation non motivée de vos visites habituelles m'a fait présumer qu'elles ne vous convenaient plus. Je serais certainement allé vous voir, si j'eusse pensé que cela vous fût agréable. Même aujourd'hui, je le ferais encore, si vous m'en témoignez un vrai désir.

Rappelez-vous que le mode sous lequel ont subsisté pendant quatre ans nos relations journalières résulta de votre propre choix. Vous m'avez toujours disposé à changer cet usage si vous l'eussiez désiré. Il y aurait donc aujourd'hui peu de justice à me reprocher un tel régime, et par suite mon interprétation naturelle de votre absence volontaire.

En écartant, à ce sujet, toute discussion puérile, afin d'aborder après vous le fond réel, je reconnais que, depuis quelque temps, nos relations ne sont plus les mêmes, et j'ose ajouter par votre faute surtout. Il y a six mois, vous avez, à mes yeux, et sans doute aussi aux vôtres, radicalement manqué d'énergie, et d'affection, dans une importante mission privée, que vous aviez librement acceptée. Notre intimité en a bientôt subi une inévitable diminution. Mon caractère ne me permet guère de goûter assez une demi-intimité habituelle. En un temps surtout où j'avais tant besoin d'expansion complète, j'ai beaucoup souffert de ne pouvoir plus vous ouvrir mon cœur sur ce qui le touchait davantage. Nos relations ont dû s'altérer gravement d'après cette contrainte mutuelle. Cependant vous me trouverez toujours disposé à faire pour vous tout ce qui serait en mon pouvoir.

Je vous remercie de votre sollicitude spéciale sur ma santé. Malgré un rare concours soutenu d'afflictions sérieuses, elle est maintenant meilleure que pendant les six mois précédents, sauf une grippe opiniâtre sinon intense, qui a duré presque tout septembre, sans autre sortie que pour aller, en voiture, à ma funèbre visite hebdomadaire. Depuis quinze jours, mon sommeil est à peu près normal, et mes digestions se rétablissent. Enfin, mes vacances ne s'achèveront pas sans que j'aie repris mon grand travail, qui est déjà en pleine activité.

Quant au calme de cœur que vous me souhaitez, vous savez que je ne me consolerai jamais d'une perte aussi inappréciable qu'irréparable : je ne puis que m'y résigner avec le courage du vrai philosophe. Ma seule ressource active consiste dans le culte continu de purs et nobles souvenirs accumulés pendant une année sans pareille. Loin de désirer qu'ils s'affaiblissent, on devrait me souhaiter qu'ils se raniment davantage. Je viens de me procurer, à ce sujet, un précieux soulagement, par l'exécution de ma chère dédicace, qui exercera sur moi une heureuse réaction croissante. Voilà, malgré la mort, ainsi rétablie autant que possible, l'harmonie fondamentale entre ma vie privée et ma vie publique. Cette solidarité solennelle m'excitera sans cesse à hâter et à perfectionner le travail par lequel je puis espérer d'immortaliser le nom de celle dont je n'ai pu préserver la vie.

Votre dévoué,

AUGUSTE COMTE.

Je vous remercie de me continuer votre intervention trimestrielle envers Mme Comte, et je ne manquerai pas d'y recourir aussitôt que je serai en mesure. Mais vous savez que mes embarras pécuniaires sont maintenant au comble, et j'ignore quand je pourrai remplir cette obligation, jusqu'ici scrupuleusement satisfaite. Au reste, les inquiétudes financières transmises au nom de Mᵐᵉ Comte m'affectent fort peu. Mieux que personne vous savez si elle a dû faire des économies, pendant trois ans et demi, sur une pension annuelle de 3.000 francs, qui n'est réduite à 2.000 francs que depuis neuf mois. Si ces inquiétudes ne sont pas feintes, elles sont certainement maladives comme dépourvues de tout fondement réel. Mais j'ai plutôt lieu de les croire affectées, afin d'entretenir mon active sollicitude à cet égard ; vous savez d'ailleurs que, dès juillet, je l'ai expressément avertie du retard actuel. Je n'ai pas plus que vous des nouvelles de M. de Blainville.

IX

A Monsieur LENOIR.

Mercredi matin 28 octobre 1846.

Monsieur Lenoir,

C'est seulement hier 27 que vous avez répondu à ma lettre du 11. Un tel délai prolongé jusqu'à l'approche de notre inévitable rencontre en maison tierce, me prescrirait peut-être de ne rien vous répliquer. J'y serais d'autant mieux autorisé que je vous avais fait une avance très peu méritée, qui comportait une réponse immédiate, au moins par un mot à Sophie, quand ma lettre vous témoignait ma disposition, même actuelle, à vous aller voir aussitôt que vous en manifesteriez le désir. Néanmoins, malgré votre dédaigneux silence à cet égard, l'intimité réelle (du moins en moi) qui nous lia pendant quatre ans me détermine aujourd'hui à vous avertir spécialement que, désormais, je m'abstiendrai même de rien lire sur un sujet qui m'émeut et me dérange sans aucune utilité possible pour personne.

Dans votre longue apologie, plusieurs faits graves se trouvent omis, et la plupart des autres sont mal présentés ; pourtant elle seule confirmerait, au besoin, le manque radical d'énergie et d'affection que j'ai dû vous reprocher. Mon unique erreur à ce sujet c'est d'avoir présumé que vous reconnaissiez intérieurement votre insuffisance. J'aurais dû penser que nous ne pouvons jamais sentir nos torts par nos défauts aussi distinctement que par excès.

Que rien ne trouble donc votre heureuse conviction de n'avoir eu envers moi aucun tort quelconque. Félicitez-vous aussi de m'avoir préservé des dangers qui n'ont existé que dans votre imagination effrayée. Je ne discuterai pas même votre indulgence spéciale pour les deux oppresseurs continus de ma malheureuse amie, ni votre paisible neutralité quant à leur double vol de papiers.

Sans aucune discussion, l'ensemble de votre conduite peut être indirectement caractérisé par son contraste décisif avec la noble démarche spontanée que vient d'accomplir envers moi le père de ma Clotilde. Ce digne vieillard est venu me témoigner, après six mois, ses honorables regrets de l'injustice passagère à laquelle l'entraînèrent les importunes suggestions de sa femme et de son fils. Non seulement sa loyauté guerrière a hautement désavoué leur coupable conduite au sujet des papiers : mais il leur a donné des ordres formels de double restitution ; et, sur leur refus d'y obtempérer, il a cessé de les voir. Telle est la noble énergie que la simple justice inspire, malgré l'esprit de famille, à quelqu'un qui ne se proclame pas mon ami ! Longtemps j'ai cru que vous n'étiez léger que d'esprit : j'ai appris, à mes dépens, que vous l'êtes encore davantage de cœur, comme on me l'annonça dès l'origine, et comme j'aurais dû le reconnaître, il y a trois ans, quand vous témoignâtes à mes plus iniques persécuteurs la même cordialité que si leur victime vous eût été entièrement étrangère. Aussi mobile dans vos sympathies que flottant dans vos convictions, vous êtes trop l'ami de tout le monde pour éprouver envers personne une affection forte et profonde. En un mot, je reconnais maintenant qu'on a raison de voir généralement en vous le vrai Philinte, si bien caractérisé par Molière. Dans plusieurs cas, vous m'avez donné d'utiles conseils, dont je vous saurai toujours gré ; mais j'aurais dû borner là votre amical office, et ne jamais demander des actes, même très faciles, qu'à l'énergique vieillard qui seul eut pour moi un vrai dévouement.

Par une plénitude de confiance qui n'était pas, à beaucoup près, réciproque, je vous ai toujours montré mon cœur entier, surtout pendant l'année la plus importante de ma vie privée. Je vous en ai laissé voir tous les mouvements dans leur naïve imperfection initiale, sans vous cacher même ceux qui ne se prolongent pas au-delà du temps de les manifester. Malgré quelques passages de votre lettre, j'espère que vous n'abuserez jamais de ces intimes révélations, même en ce qui m'est purement personnel, quoique je ne craigne nullement de vivre au grand jour, en véritable philosophe. Personne ne sait mieux que moi combien je suis loin d'être parfait. Néanmoins, à tout prendre, je me crois très propre, de cœur comme d'esprit, à constituer spontanément une sorte de type, non pas idéal, mais réel. Quant à vos éloges sur mon intelligence, ils me toucheraient beaucoup si je ne connaissais pas votre tendance habituelle à admirer également les penseurs les plus incompatibles. La vertueuse passion dont je vous fis une complète confidence fut d'ailleurs toujours mal appréciée par vous. Votre cœur n'y sentit qu'une sorte de rivalité puérile ; et votre esprit ne comprit jamais sa puissante réaction philosophique sur le perfectionnement spontané de mes nouvelles méditations sociales, où l'affection doit dominer de plus en plus la spéculation.

Votre dévoué,

A^{te} COMTE.

Dans la longue visite qu'il a bien voulu me faire samedi, M. de Blainville ne m'a pas dit un mot des prétendus embarras financiers de Mme Comte.

A propos d'elle, je ne puis plus accepter désormais votre ancienne intervention trimestrielle : dès le prochain envoi, j'emploierai un autre mode de transmission.

Ayant plusieurs fois oublié de vous redemander la livraison de M. de Ribentrop sur Feuerbach, je vous prie de vouloir bien la remettre aujourd'hui à Sophie.

UNE LETTRE A M. D'AGUIAR

1846.

A Monsieur *D'AGUIAR*.

Lundi matin 20 avril 1846.

Monsieur,

Mercredi dernier, 15 avril, à l'heure où je savais que les deux mandataires de M. Maximilien Marie se trouveraient chez M. Lenoir, j'ai envoyé à M. Lenoir une lettre destinée à leur être aussitôt communiquée. Ne l'ayant pas lue à temps, mon ami a été ensuite détourné de vous en donner connaissance, sous l'influence involontaire de son caractère trop indulgent. C'est pourquoi, Monsieur, je crois devoir aujourd'hui reproduire directement, pour vous et votre collègue, une équivalente déclaration finale.

Loin de redouter aucune juste appréciation morale de nos saintes relations, nous avons toujours pensé, Mme de Vaux et moi, que leur loyal examen approfondi, si jamais il s'accomplit dignement, augmenterait beaucoup nos propres titres à l'affectueux respect des cœurs honnêtes. Mais, tous deux légalement maîtres de nos sentiments et de nos actions, nous ne reconnaissons à aucune personne privée le droit spécial de réclamer, à cet égard, aucun compte impérieux. Si la mère et le frère de ma noble amie ont persisté jusqu'au bout à vouloir la gouverner en petite fille, c'est maintenant à moi, son protecteur

16

choisi et avoué, de forcer cette tyrannie de l'argent à respecter au moins sa tombe. En son nom comme au mien, je proteste donc hautement contre la tentative d'enquête ou de discussion qui viennent d'être indûment introduites sur ce sujet sacré, évidemment étranger à l'unique destination initiale des conférences actuelles que mon représentant aurait dû empêcher de dévier ainsi. Je renouvelle volontiers à M. Lenoir mes pleins pouvoirs spéciaux d'éclaircissement et de conciliation pour le seul objet annoncé de ces entrevues. Mais, à tout autre égard, et surtout quant à mon éternelle amitié, le langage quelconque de M. Lenoir représente uniquement son opinion personnelle, sans aucune mission de ma part.

Je vous invite donc, Monsieur, à cesser, sur cet intime sujet, une conversation nécessairement stérile, qui tend à perpétuer l'irritation mutuelle. En vous bornant désormais au but primitif de votre intervention, vous pourrez terminer bientôt, à la satisfaction générale, des débats trop contraires aux mélancoliques dispositions qu'une douleur commune doit maintenant faire prévaloir de part et d'autre.

J'ai l'honneur d'être, Monsieur, avec une parfaite considération,

Votre dévoué serviteur,

A^{te} Comte.

CINQ LETTRES A MADAME COMTE

1847-1850.

I

A Madame COMTE.

Dimanche 10 janvier 1847.

Madame,

Un fatal mariage, seule faute capitale de toute ma vie, m'impose envers vous des devoirs spéciaux, que j'ose dire avoir toujours remplis scrupuleusement. L'ensemble de votre conduite depuis vingt-deux ans les a finalement réduits à de simples obligations pécuniaires, au sujet desquelles je suis certain de ne mériter aucun reproche. Quoique la pension que je vous accordai, lors de notre irrrévocable séparation, fût évidemment exagérée pour ma position, j'ai été fort peiné quand la persécution matérielle que je subis maintenant m'a forcé d'en supprimer le tiers. Jusqu'ici, chaque trimestre, à l'un ou à l'autre taux, vous a été assez exactement payé d'avance pour que vous deviez regarder le retard actuel comme résulté d'insurmontables embarras passagers, dont je gémis surtout à cause de leur réaction sur vous. Tout cela ne vient que d'un délai exceptionnel dans les payements mensuels de M. Laville ; je ne pense pas que vous y puissiez craindre sérieusement la moindre indifférence ou négligence de ma part au sujet d'une aussi grave obligation. L'expérience des douze années antérieures m'assure d'ailleurs que cette rentrée périodique reprendra bientôt son cours ordinaire ; ce qui me permettra de vous envoyer immédiatement le dernier trimestre de 1846.

Quoique les ressources que je me suis créées pour attendre le rétablissement de ma position polytechnique paraissent devoir prochainement devenir suffisantes, je serai pourtant forcé, sans doute pendant quelques autres trimestres, de ne pas vous satisfaire d'avance, comme je le faisais toujours avant cette crise : mais je tiens à reprendre cet usage, aussitôt que ma situation le comportera. Au reste, je ne saurais croire que, après avoir exactement reçu, pendant trois ans et demi, une pension annuelle de 3.000 francs, qui n'est réduite à 2.000 que depuis un an, vous n'ayez pas ainsi opéré des économies capables de vous faire supporter quelques retards prévus et même annoncés.

Une rupture définitive, quoique récente, m'empêche de conserver, pour mes envois d'argent, l'ancienne entremise de M. Lenoir, malgré son offre de la continuer. Je la trouve, à tous égards, avantageusement remplacée par celle de M. Littré, si, comme vous me l'indiquez, il accepte réellement cette mission trimestrielle, que, dans ce cas, j'utiliserais dès la prochaine occasion, suivant la forme que vous désirez. Mais ne comptez pas que ce nouveau mode puisse aucunement vous dispenser des reçus accoutumés, auxquels je ne cesserai jamais de tenir beaucoup. Tout renouvellement des étranges difficultés qu'ils éprouvèrent pendant les deux premières années de notre situation finale, n'aboutirait qu'à me faire changer aussitôt le moyen de transmission, en vous envoyant dès lors un simple commissionnaire, qui ne pourrait rien livrer sans quittance.

L'évidente mauvaise foi avec laquelle vous expliquez votre abandon définitif du toit conjugal suffirait pour m'interdire à ce sujet toute vaine discussion, quand même je n'aurais pas, depuis quatre ans, irrévocablement clos ces débats sans issue. Pensez ou parlez à cet égard comme il vous plaira, en m'attribuant tous les torts que vous voudrez : mais soyez bien convaincue que la situation est irrévocable, et que je ne vous reverrai jamais. Longtemps vous m'avez assez méconnu pour rapporter à la faiblesse du caractère un excès d'indulgence et de longanimité qui tenait surtout à la bonté du cœur : l'expérience a dû maintenant vous apprendre que si ma volonté est souvent un peu lente à se former, elle devient finalement inflexible.

Après que vous m'eûtes quitté, pour la troisième fois sérieuse, en mai 1838, quand je consentis à vous laisser rentrer, sans toutefois vous en avoir aucunement sollicitée, je vous avertis formellement que la quatrième séparation serait éternelle. Je vous ai ensuite répété souvent ce loyal avis ; et pendant les derniers mois de votre séjour, jusqu'à l'époque décisive d'août 1842, je vous ai prodigué à cet égard les remontrances et les annonces que mon devoir exigeait. Si votre sot orgueil vous a d'abord fait croire que je ne pourrais jamais me passer de vous, l'expérience a dû bientôt vous détromper. Trois mois après votre départ, j'avais déjà laissé voir ma finale situation domestique presque aussi publiquement qu'aujourd'hui.

Quant à votre inconcevable menace actuelle de rentrer malgré moi par nécessité financière, prenez-y garde, Madame, toute tentative semblable ne pourrait que vous devenir très funeste. J'aime beaucoup la paix, mais sans craindre la guerre d'aucune espèce. Nulle détresse pécuniaire ne me déterminera jamais à surmonter une trop juste antipathie, que le temps et la réflexion aggravent de plus en plus, en me faisant mieux apprécier l'ensemble de vos torts envers moi. La paix est à la fois mon seul bien domestique, la base même de ma santé, et la condition indispensable d'un bon emploi philosophique du peu d'années énergiques qui me restent encore pour ma haute mission sociale. Depuis quatre ans et demi que j'en jouis enfin, je l'ai tellement appréciée que je suis très décidé à me l'assurer par tous les moyens légitimes. Il est impossible que vous regardiez votre rentrée comme vous étant encore facultative, et indépendante d'un assentiment que je n'y donnerai jamais. Afin de mieux prévenir d'inutiles efforts, je vous avertis cependant, une seule fois pour toutes, que si vous faisiez à cette fin une tentative réelle, je formerais aussitôt une demande légale en séparation de corps.

> Votre mari,
>
> AUGUSTE COMTE.

Tenant beaucoup à ne vous laisser aucune illusion sur la possibilité de me revoir jamais, je dois saisir l'occasion très naturelle que vous m'offrez aujourd'hui pour vous faire convenablement une révélation décisive, que M. Lenoir s'était déjà chargé de vous expliquer en juillet dernier, quoique sa faiblesse inouïe l'ait empêché de remplir cet office volontaire.

Personne ne sait autant que vous combien ma vraie situation domestique eût autorisé depuis longtemps une affection exceptionnelle. Mais je suis ici dispensé d'invoquer aucunement ces malheureux droits. Le simple rapprochement de quelques dates irrécusables mettrait ma conduite au-dessus de toute atteinte, quand même le noble lien dont je dois vous instruire n'aurait pas conservé jusqu'au bout la parfaite pureté dont je me sentirai toujours heureux et fier.

Deux ans après notre séparation, je vis, pour la première fois, chez ses parents, en octobre 1844, une jeune dame, aussi irréprochable que charmante, qui excita d'abord ma sympathie spéciale par une destinée domestique trop analogue à la mienne, quoique plus funeste encore et plus injuste. Avec un esprit non moins distingué que le vôtre, elle vous surpassait infiniment par le cœur. La vertueuse passion que j'eus le bonheur de concevoir graduellement pour elle constituera toujours la principale phase de ma vie intime. Pendant une année sans pareille, la profonde révolution morale que pouvait seul produire en moi un tel ascendant a heureusement réagi sur l'ensemble de ma nouvelle élaboration philosophique, en faisant ressortir, d'une manière plus nette et plus décisive, le vrai caractère sentimental du positivisme. Quoique plus jeune que vous de douze ans, mon angélique Clotilde m'accorda bientôt la réciprocité d'affection que je n'avais jamais pu obtenir de vous. Mais, après avoir ainsi entretenu une sainte félicité, je n'ai pas tardé à sentir, le plus douloureusement possible, combien je suis à jamais voué au malheur privé. A l'entrée du printemps dernier, j'ai vu succomber cette noble et tendre victime, malgré mes soins les plus soutenus, assistés par l'actif dévouement qui, pendant dix-huit nuits consécutives, retint mon excellente Sophie auprès de celle dont l'âme était assez grande pour oser traiter en sœur cette éminente domestique.

Telle fut, Madame, ma seule épouse véritable, celle qui, dans l'unique nuit que j'ai passé sous son toit, au début de son agonie, à la suite de son extrême-onction, caractérisait spontanément toute ma destinée intime par ce touchant résumé : *Vous n'aurez pas eu une compagne longtemps !* Depuis neuf mois, je n'ai pas laissé écouler une seule semaine sans aller, sur sa tombe sacrée, renouveler les solennelles promesses qui adoucirent ses derniers jours : ce culte extérieur n'est d'ailleurs que le signe d'un culte intérieur encore plus assidu qui durera autant que moi, parce qu'il constitue ma principale satisfaction privée. Après six mois d'incomparables douleurs, je ne suis parvenu à reprendre dignement mon travail philosophique qu'en accomplissant la dédicace exceptionnelle promise à mon éternelle collègue, pour motiver publiquement la profonde gratitude, à la fois personnelle et sociale, que mérite sa puissante influence involontaire sur l'amélioration fondamentale de mon second grand ouvrage.

Vu cette inévitable publicité ultérieure, il convenait à tous égards, Madame, que vous fussiez d'abord informée spécialement d'une intimité qui, malgré sa courte durée, immortalisera peut-être, à côté du mien, le nom de l'ange dont je n'ai pu préserver la vie. Quoique mon cœur n'ait jamais été compris du vôtre, j'espère que vous me connaissez assez pour sentir que j'ai éprouvé beaucoup de peine à vous adresser cette explication, devenue aussi indispensable à votre repos qu'au mien. L'insuffisance de ceux que j'en avais chargés depuis longtemps m'obligeait, malgré ma juste crainte de vous affliger, à m'en acquitter enfin moi-même, en saisissant l'une de ces occasions, nécessairement de plus en plus rares, qui me déterminent à vous écrire. Ce mode, au reste, était peut-être le plus digne d'un homme qui n'a jamais craint de vivre au grand jour, et qui surtout n'a besoin ni de mystère ni d'excuse au sujet d'une affection dont il s'honorera toujours.

II

A Madame COMTE, 15, rue des Martyrs.

Mercredi soir 24 Descartes 61 (6 h.).
(31 octobre 1849).

Madame,

Votre étrange lettre me force à des explications dont toute ma conduite envers vous aurait dû me dispenser.

Pour remplir, le plus scrupuleusement possible, les seules obligations qui, depuis sept ans, me restent à votre égard, j'ai laissé successivement arriérer plusieurs autres payements essentiels, et surtout mon loyer, dont je dois maintenant une année entière. J'aurais prié M. Littré de vous annoncer le retard actuel, si je n'avais pas espéré l'éviter jusqu'au dernier moment, comme cela était arrivé dans les deux trimestres précédents. A ce sujet, je n'ai rien à vous dire, sinon que mes embarras actuels doivent être peu durables. Vous savez d'ailleurs que je m'acquitterai envers vous le plus promptement possible, même au détriment d'autres besoins.

Quant à vos insinuations et récriminations sur notre situation mutuelle, relisez mon irrévocable lettre du 10 janvier 1847. Tous les sentiments et déclarations qu'elle exprima n'ont fait ensuite que se mieux fortifier. Mes résolutions sont et resteront inflexibles, à quelque extrémité que je fusse réduit. Je ne comprends pas que vous puissiez encore compter sur la misère pour me faire jamais surmonter tant de justes et profondes antipathies. Afin de trancher ces vains tiraillements, sachez donc que si, contre toute vraisemblance, nous devions un jour mourir de faim l'un et l'autre, ce serait chacun de son côté, mais nullement ensemble, que s'accomplirait la destinée. Réfléchissez aussi que, si de nouvelles tracasseries me forçaient enfin à une séparation légale, le tribunal qui la prononcerait vous y assignerait, dans ma présente position, une pension annuelle fort inférieure à vos 2.000 francs actuels.

Non seulement, il ne peut plus, depuis longtemps, exister entre nous que des relations pécuniaires ; mais, en outre, ces rapports inévitables ne doivent jamais avoir lieu que par intermédiaire. Le noble ami qui s'en charge, d'après votre propre choix, est, à tous égards, le plus convenable. Je n'en aurai jamais d'autre, à moins que M. Littré ne consentît plus à cette intervention, auquel cas j'emploierais un simple commissionnaire, comme je vous l'annonçai jadis.

AUGUSTE COMTE.
(10, rue Monsieur-le-Prince).

Dispensez-vous de m'écrire davantage à ce sujet, car vous ne recevriez aucune réponse.

III

A Madame COMTE, 15, rue des Martyrs.

Le 5 Moïse 62 (samedi 5 janvier 1850).

Madame,

Pour repousser définitivement le retour opiniâtre d'injustes récriminations et de tentatives perturbatrices, je fus obligé, il y a deux mois, de vous faire une réponse très sévère. Quoiqu'elle m'ait alors coûté de pénibles efforts, elle me semble encore être ainsi devenue nécessaire. Mais, sans reprendre des explications aussi douloureuses qu'inutiles, je regretterais aujourd'hui de vous laisser sur une telle impression. J'ai appris avec chagrin votre maladie actuelle, et je ne crois pas devoir refuser la réponse exceptionnelle que vous attendez.

Vous devez pourtant sentir que toutes relations habituelles, même par écrit, sont dès longtemps devenues à jamais impossibles, faute de bases suffisantes, entre deux personnes qui ne pourraient ainsi que se nuire involontairement. Car vous savez que ma véritable affection conjugale restera toujours concentrée, comme elle l'est depuis quatre ans, vers une chaste tombe, dont le culte constitue de plus en plus la principale consolation que comporte ma destinée privée, en même temps qu'une précieuse source d'amélioration morale. Une haute mission sociale, dont l'importance augmente rapidement, absorbe plus que jamais mon activité essentielle, et compense, à sa manière, les tristes lacunes de ma fatalité domestique. Quant aux soins personnels et aux sollicitudes usuelles, je crois être mieux traité que qui que ce soit, grâce au pur dévouement de l'incomparable ménagère que vous choisîtes une année avant de me quitter. Elle s'est ensuite attachée profondément à moi, ainsi que son estimable mari, que je loge depuis deux ans. Je reçois cet affectueux service avec l'irréprochable reconnaissance qu'il mérite, et je me plais à voir de près le bonheur journalier de ce digne ménage prolétaire. Le peu de loisir qui me reste est aisément rempli par mes douces lectures poétiques ou par de libres entretiens philosophiques. En un mot, j'ai établi, à ma façon, peut-être davantage qu'on ne le fît jamais, une vraie harmonie habituelle entre ma vie privée et ma vie publique ; ce qui, à mon gré, constitue, surtout aujourd'hui, la principale condition du bonheur masculin. Dans ce qui me reste accessible, il ne me manque réellement qu'une plus grande sécurité matérielle, qui, j'ai lieu de l'espérer, deviendra bientôt suffisante, d'une manière quelconque.

Ce fidèle tableau vous permet d'apprécier l'impossibilité des relations épistolaires que vous demandez. L'ensemble de notre passé m'a laissé trop peu de confiance pour qu'elles puissent jamais devenir habituelles. Elles ne comporteraient maintenant qu'un caractère très général, plutôt relatif à la vie publique qu'à la vie privée. Même dans ce champ restreint, mes souvenirs et mes inquiétudes ne sauraient permettre à ma correspondance autant d'abandon qu'envers toute autre clause d'égale valeur. Vous devez néanmoins compter que, en continuant à remplir scrupuleusement à votre égard mes obligations matérielles, je ne cesserai aussi de m'intéresser de loin à tout ce qui vous concerne.

AUGUSTE COMTE,

(10, *rue Monsieur-le-Prince*).

IV

A Madame COMTE, 15, rue des Martyrs.

Samedi matin 5 Aristote 62.

Madame,

J'espère que vous ne me ferez pas regretter d'avoir consenti à rentrer en correspondance avec vous. Mais je suis déjà forcé de vous représenter que les récriminations, les tentatives et les espérances qui s'introduisent dans la plupart de vos lettres sont essentiellement contraires aux conditions naturellement résultées de notre situation mutuelle, et d'ailleurs spécialement indiqués, il y a deux mois, dans ma lettre initiale, confirmée par votre réponse. En reprenant ces relations, je n'avais point oublié que, depuis beaucoup d'années, vous avez perdu le pouvoir de me faire aucun bien, tout en conservant la triste faculté de me faire du mal, surtout involontaire. Néanmoins je dus accueillir une demande à laquelle vous teniez extrêmement et que je pouvais strictement accorder. Toutefois, je dois veiller à ne point laisser ainsi altérer l'unique bien qui me reste, la tranquillité. Puisque vous sentez maintenant l'importance de ma mission philosophique et sociale, vous devez comprendre que le peu d'années vigoureuses que je puis encore espérer suffit à peine aux grands travaux que l'Humanité attend de moi. Mon repos est assez troublé déjà par les embarras et les luttes inévitables, pour y joindre des tracasseries évitables et inutiles. Notre situation mutuelle résulta d'abord de votre libre choix. Dès son début, je la proclamai irrévocable. Tout ce qui s'est passé depuis n'a fait que la rendre encore plus définitive. Si vous ne pouviez pas l'accepter franchement, vous n'obtiendriez point une intimité impossible et vous compromettriez le genre de relations que j'ai consenti à rouvrir. Je regrette d'être obligé de vous en avertir, pour votre repos comme pour le mien.

Auguste Comte.

(10, rue Monsieur-le-Prince).

V

A Madame COMTE, 15, rue des Martyrs.

Mercredi matin 3 Saint-Paul 62.

Madame,

Depuis cinq mois que j'ai consenti à vous répondre habituellement, voici la seconde tentative qui me fait sérieusement regretter une telle concession. Je dois donc réprimer plus fortement votre tendance à en abuser pour franchir les limites nécessaires que je lui assignai d'abord. Non seulement je ne vous accorderai nulle part aucune entrevue, mais en continuant à vous répondre scrupuleusement, je ne vous écrirai jamais le premier, à moins d'affaire, quelque prolongé que devienne votre silence. Tous vos efforts nouveaux pour obtenir davantage n'aboutiront qu'à me faire retirer une concession due seulement à vos instantes supplications. J'aurais trouvé trop dur de vous refuser entièrement, quoique j'eusse, personnellement, préféré mon silence antérieur. Car il convenait mieux à l'irrévocable situation mutuelle résultée, il y a huit ans, de votre dernier départ volontaire, que j'avais longtemps d'avance proclamé définitif.

Ma généreuse condescendance paraît vous avoir conduite à penser que, d'après vos récents aveux, quoique insuffisants et tardifs, j'oubliais enfin l'ensemble de vos torts envers moi. Si je vis autant que Fontenelle, je me souviendrai toujours de ce que j'ai souffert pendant les dix-sept ans de notre vie commune. Après une séparation où je fus sans reproche, vous savez d'ailleurs que j'exerçai dignement la liberté morale que venait ainsi de me procurer votre conduite irréparable. Mon cœur s'est alors voué chastement à une seule épouse véritable, qui m'a valu le rare privilège d'une seconde vie, tant publique que privée. La concurrence d'une tombe est toujours insurmontable quand tous les souvenirs sont irréprochables. Depuis quatre ans, ce culte funèbre consolide de plus en plus un saint ascendant, qui m'améliore en me consolant. Sans cette impulsion continue, je ne serais pas devenu assez généreux pour vous accorder la concession dont vous abusez aujourd'hui. Ma lettre du 10 janvier 1847 vous annonça loyalement la grande dédicace qui venait d'inaugurer le grand ouvrage dont j'achevai récemment le premier volume. Sans que j'aie encore publié cette digne expansion de ma juste reconnaissance, mon *Discours* de 1848 a déjà fait assez apprécier la bienfaisante réaction philosophique de cette vertueuse affection. Ainsi s'est élevée entre nous une autre barrière insurmontable, même quand votre repentir deviendrait plus complet que ne le comporte votre nature.

Laissez-moi donc goûter paisiblement le seul bien qui me reste. Après avoir tant tourmenté ma jeunesse, ne troublez pas la fin de ma maturité. Mon calme intérieur est indispensable au bon emploi du

peu d'années de pleine vigueur que je puisse encore
consacrer à l'Humanité par d'urgents travaux. C'est
chez moi un vrai devoir social que d'éviter toutes
les perturbations stériles qui peuvent compromettre
ce service fondamental : j'ai bien assez des diverses
luttes inévitables. Je vous avertis donc, une dernière
fois, que toute troisième tentative pour abuser de
ma condescendance épistolaire n'aboutirait qu'à vous
faire aussitôt renvoyer votre lettre sans aucune réponse, après quoi je reprendrais à jamais mon juste
silence antérieur.

Auguste Comte,

(10, rue Monsieur-le-Prince).

Afin de mieux fixer votre attention spéciale sur
cette importante déclaration, je m'abstiens de répondre aux autres parties de votre lettre d'hier.

Quoique je ne dédaigne l'opinion d'aucune personne estimable, j'ai toujours su me passer de l'approbation de quiconque juge ma conduite sans
connaître assez mes motifs. Ceux qui sont vraiment
au courant blâmeront plutôt mon imprudente concession épistolaire. Mais je ne dois ni ne veux
prendre aucun conseil dans un cas où je suis seul
compétent et responsable.

LETTRES DIVERSES

Enseignement. — Carrière polytechnique.

1847.

A Monsieur le Baron CUVIER (1),
Secrétaire perpétuel de l'Académie des Sciences.

Ce jeudi 2 janvier 1830.

Monsieur le Baron,

Je vous prie de vouloir bien excuser la liberté que je prends de vous adresser le discours d'ouverture d'un *Cours de philosophie positive* que j'ai déjà fait plusieurs fois, que j'expose, maintenant, à l'Athénée de Paris, et que je me hasarde à publier enfin cette année. L'accueil bienveillant que vous avez daigné faire, il y a cinq ans, à la première partie de mon *Système de politique positive* m'enhardit à vous soumettre ce nouveau travail. Comme je crois avoir travaillé dans la direction philosophique que vos découvertes et l'influence de vos ouvrages ont si puissamment contribué à faire prévaloir, j'espère que cette tentative vous paraîtra digne de quelque intérêt. Je suis d'ailleurs particulièrement encouragé à compter sur une approbation à laquelle j'attacherais tant de prix, en considérant l'heureuse uniformité de quelques-unes de mes idées principales avec la théorie historique de la marche de l'intelligence humaine que vous avez ex-

(1) Cette lettre, publiée par le *Carnet historique* dirigé par le comte Fleury, n° du 15 octobre 1899, fait partie de la collection de Mme L. de Cernay.

posée récemment à l'ouverture du cours éminemment capital que vous venez de fonder pour le perfectionnement de la haute instruction scientifique.

Daignez, à cette occasion, Monsieur le Baron, agréer l'assurance bien sincère de la profonde estime et de la respectueuse considération de

Votre dévoué serviteur,

A. COMTE,

Ancien élève de l'École polytechnique.

(N° 159, rue Saint-Jacques).

Monsieur le Président de l'Association polytechnique,
à l'Hôtel de Ville, salle Saint-Jean.

Paris, le mardi 14 décembre 1830.

Monsieur le Président,

Quand il fut question, pour la première fois, à l'Association, de l'établissement des cours scientifiques destinés aux ouvriers de Paris, je regrettai profondément que mes occupations m'interdissent absolument toute coopération immédiate à cette patriotique tentative; je crus même ne devoir faire aucune offre pour un avenir prochain, dans la persuasion où j'étais que les deux soirées dont je pouvais rigoureusement disposer par semaine ne fussent promptement absorbées, et pour la durée entière de l'hiver, par le cours que je vais ouvrir à l'Athénée cette semaine, et relativement auquel j'étais depuis longtemps engagé. Mais, ce cours ne devant, au contraire, avoir lieu cette année qu'une fois la semaine, je me hâte de proposer à l'Association de consacrer la soirée que me laisse cet arrangement imprévu à présenter aux ouvriers un cours élémentaire d'astronomie générale, ayant pour principal objet l'exposition raisonnée des phénomènes essentiels du système du monde, accompagnée de l'indication des plus importantes applications.

Quoiqu'un tel cours ne puisse être aux ouvriers d'aucun usage immédiat, son utilité n'est pas douteuse, puisqu'il a pour but de leur donner des notions justes et nettes sur un sujet qui, même involontairement, fixe l'attention de tous les hommes, et sur lequel, par conséquent, à défaut d'idées saines, ils en ont nécessairement d'absurdes, qui exercent inévitablement une influence funeste sur le système général de leur intelligence. Quant à l'aptitude des ouvriers pour un enseignement de cette nature, je suis persuadé que, si l'on se dégage des préventions dérivées de nos habitudes sociales, on les trouvera réellement mieux disposés à concevoir nettement une telle exposition que les gens du monde qui n'ont pas fait les études préliminaires convenables, et auxquels cependant s'adressent tous les jours des cours ayant le même objet. Personne ne sent plus profondément que moi combien il importe de maintenir avec sévérité dans un système complet d'instruction la hiérarchie naturelle des sciences. Mais, il ne saurait encore être en notre pouvoir d'organiser pour les ouvriers une série régulière d'études scientifiques; et jusque-là, je suis convaincu que nous devons essentiellement nous attacher à répandre parmi eux des notions positives, propres à éveiller dans leur esprit le goût et le besoin d'études rationnellement dirigées sur toutes les branches fondamentales de la philosophie naturelle. Le cours que j'offre de faire me paraît éminemment propre à une semblable destination. J'espère d'ailleurs qu'il excitera l'intérêt des ouvriers, et pourra éveiller en eux un juste sentiment de leur dignité par l'attrait que leur offrira un nouvel enseignement essentiellement théorique exclusivement destiné jusqu'ici à l'usage des *Messieurs*.

Veuillez agréer, Monsieur le Président, l'assurance de l'affectueuse considération de

Votre dévoué,

A^{te} COMTE.

(N° 159, rue Saint-Jacques).

(Pressé).

Monsieur le Président de l'Académie des Sciences,
à l'Institut.

Paris, ce lundi 21 février 1831.

J'ai l'honneur de présenter à M. le Président de l'Académie des sciences mes respectueux hommages, et je le prie de vouloir bien informer l'Académie que je crois devoir me mettre sur les rangs dans l'élection qu'elle doit faire aujourd'hui d'un candidat pour la chaire d'analyse et de mécanique rationnelle actuellement vacante à l'École polytechnique.

Constamment livré, depuis ma sortie de l'École polytechnique, en 1816, à l'enseignement des sciences mathématiques, leur philosophie a été sans cesse le principal sujet de mes méditations et de mes essais. Le cours de *philosophie positive*, que j'ai conçu et exécuté plusieurs fois depuis cinq ans, m'a permis d'exposer spécialement mes idées sur la philosophie mathématique à plusieurs membres de cette Académie qui ont bien voulu m'encourager de leurs suffrages, et parmi lesquels je dois surtout mentionner l'illustre géomètre dont les sciences déplorent encore la perte immense (M. Fourier). J'ai eu l'honneur de faire hommage à l'Académie, le 16 août dernier, du premier volume de ce cours, qu'elle a bien voulu renvoyer à l'examen spécial de M. Poinsot : ce volume étant consacré entièrement à la philosophie mathématique, je crois devoir l'indiquer ici comme un renseignement approprié particulièrement, par sa nature, à la décision de l'Académie dans le cas actuel, puisqu'il permet, plus qu'aucun autre genre de travail, d'apprécier spécialement la capacité didactique, principal élément de la question.

En priant Monsieur le Président de vouloir bien communiquer cette lettre à l'Académie, j'ai l'honneur de lui offrir l'assurance de la respectueuse considération de

Son dévoué serviteur,

A^{te} COMTE.

Ancien Élève de l'École polytechnique.

(N° 159, rue Saint-Jacques).

A Monsieur le Président de l'Académie des Sciences.

Paris, ce lundi matin 7 mars 1851.

J'ai l'honneur de présenter mes hommages à Monsieur le Président de l'Académie des sciences, et je le prie de vouloir bien communiquer textuellement à l'Académie en corps, dans la séance de ce jour, les réclamations suivantes, au sujet du singulier silence gardé envers moi par la section de géométrie, lors de la présentation faite lundi dernier des candidats à la chaire d'Analyse et de Mécanique rationnelle actuellement vacante à l'École polytechnique. Dans toute présentation de ce genre, la raison et les règlements de l'Académie indiquent assez qu'une section n'est nullement chargée de choisir pour l'Académie entière, mais seulement de lui communiquer des renseignements propres à éclairer son choix entre les divers candidats qui se proposent, et, si personne ne se met sur les rangs, de déclarer ceux que la section juge les plus dignes du suffrage de l'Académie. Tels sont, ce me semble, les usages constants de l'Académie des sciences. Or, dans cette circonstance, comme je m'étais loyalement présenté, en temps opportun, au choix de l'Académie, la section de géométrie avait évidemment le droit d'indiquer tout autre candidat qu'elle jugeait préférable parmi les personnes qui ne s'étaient point ouvertement proposées; mais rien ne pouvait la dispenser d'exposer à l'Académie son opinion motivée sur une candidature formelle. Ce qu'un tel procédé a de personnellement inconvenant à mon égard, je crois pouvoir le dédaigner; mais je devais expressément signaler cette violation directe des devoirs académiques de la part de la section de géométrie, et protester contre la fâcheuse influence que pourrait exercer désormais un précédent aussi étrange, dans l'intérêt de tous les savants que leur vie solitaire ne place point habituellement en contact individuel avec les membres d'une section quelconque de l'Académie.

Je dois, en second lieu, signaler, dans la présentation faite lundi dernier par la section de géométrie, un vice d'une autre nature. La section n'a pas bien compris, ce me semble, le véritable esprit de sa mission en cette circonstance ; car elle a conçu sa présentation d'après les mêmes principes que s'il s'agissait d'élire un nouveau membre pour l'Académie, c'est-à-dire, en ayant exclusivement égard aux travaux *spéciaux* des concurrents, destinés à l'avancement de quelque point particulier plus ou moins important de la science mathématique; et c'est, j'imagine, comme n'ayant jusqu'ici adressé à l'Académie aucun *mémoire* proprement dit, que je n'ai pas été mentionné par la section de géométrie. Or, quiconque a suffisamment réfléchi sur la fonction de l'enseignement, soit écrit, soit verbal, ne saurait confondre la capacité didactique avec la capacité scientifique proprement dite. Il est rationnellement évident que ces deux capacités sont, je ne dis pas exclusives, mais parfaitement distinctes l'une de l'autre; et l'expérience a irrécusablement prouvé, par des exemples nombreux et même vivants, que tel géomètre capable de perfectionner, même à un assez haut degré, une portion déterminée de la doctrine mathématique, n'est que très médiocrement propre à l'enseignement, faute d'avoir dirigé ses méditations sur l'ensemble de la science et la coordination philosophique de ses diverses parties. Ces considérations étaient surtout prépondérantes pour une chaire aussi importante que celle dont il s'agit à l'École polytechnique.

Si la santé de M. Poinsot lui avait permis de faire à l'Académie le rapport dont il a bien voulu se charger depuis plus de six mois sur mon *Traité de la philosophie des mathématiques*, l'Académie serait à portée d'apprécier aujourd'hui si cet ouvrage, ainsi que je l'avais indiqué dans ma lettre de présentation, ne devait point être regardé par la section de géométrie comme un titre éminemment approprié par sa nature à la candidature pour laquelle je me suis proposé; car il est directement et exclusivement consacré à l'étude rationnelle de l'ensemble de la science mathématique, à l'examen des relations, des principes, et du véritable esprit philosophique de ses principales subdivisions. Il m'eût été très facile, si le plan général de mes travaux m'en eût jusqu'ici laissé le loisir, de développer séparément en une série de *mémoires* spéciaux quelques-unes des nouvelles vues mathématiques qui sont explicitement indiquées dans cet ouvrage, ce que d'autres peut-être ne manqueront pas plus tard de faire à ma place. Ces travaux partiels, qui eussent certainement été plus en harmonie avec les habitudes intellectuelles de la majorité des membres actuels de la section de géométrie, auraient été néanmoins sans doute des titres beaucoup moins concluants dans la décision de la question actuelle.

En ajoutant à ces considérations que je me livre sans interruption, depuis quinze ans, à l'exercice de l'enseignement mathématique, et dans le mode pratique qui est intellectuellement le plus efficace, c'est-à-dire l'enseignement privé, l'impartialité de l'Académie la conduira, j'espère, à reconnaître que le dédaigneux silence de la section de géométrie à mon égard est aussi irréfléchi qu'inconvenant.

Je ne puis m'empêcher de témoigner en terminant combien je désire que, pour éviter à l'avenir le renouvellement d'incidents aussi déplorables, l'Académie se décide, dans toute occasion semblable, à diriger son choix d'après le résultat d'un concours rationnellement organisé, comme peut si bien l'établir cette illustre compagnie, et auquel pourraient se présenter loyalement les savants qui n'ont pas l'honneur d'être en relations de société personnelle avec les membres de la section de géométrie ou de toute autre.

J'espère que Monsieur le Président de l'Académie des sciences voudra bien excuser la longueur inévitable de la lettre que je le prie de communiquer intégralement à l'Académie, et agréer l'assurance de la respectueuse considération de

Son dévoué serviteur,

A^{te} COMTE.

Ancien élève de l'École polytechnique.

(N° 159, rue Saint-Jacques).

(Lettre sans adresse).

Ce vendredi 22 juin 1832.

Monsieur,

D'après la communication verbale que vous avez bien voulu me faire hier, il est, ce me semble, évident que la mesure générale prise relativement à la suspension de tous les cours destinés aux ouvriers (mesure que je n'ai point d'ailleurs à discuter ici), ne me concerne spécialement à aucun titre. Mon cours d'astronomie est fait en mon propre et privé nom, sans être rattaché à aucune association quelconque; c'est ainsi que je l'ai expressément représenté dès l'origine et que mon auditoire l'a toujours conçu. Ce cours a pour objet unique et exclusif de donner à mes auditeurs des idées générales exactes des principaux phénomènes géométriques et mécaniques de notre système solaire. J'en sens trop profondément l'importance, la gravité, et, j'ose le dire, la dignité de la science pour y jamais mêler rien d'hétérogène dans quelque sens que ce soit; l'instruction positive du peuple a toujours été pour moi un but et un but capital, jamais un moyen. Je suis sûr et bien convaincu, Monsieur, que la propagation graduelle et convenable dans toutes les classes de la nation du goût dominant, de l'habitude...... (1) des considérations positives, est de nos jours le seul fondement solide qu'on puisse donner à l'esprit d'ordre et de progrès.

D'après le zèle que j'ai rencontré en plusieurs occasions dans la municipalité actuelle du IIIe arrondissement pour la saine instruction populaire, je ne doute pas qu'elle ne veuille bien employer immédiatement son influence pour faire remettre à ma disposition, tous les dimanches, comme par le passé, la grande salle des Petits-Pères, afin que je puisse terminer le cours d'astronomie que j'y fais gratuitement depuis deux ans. Comme il me restait

(1) Mot illisible.

seulement quatre leçons pour achever le cours de cette année quand il a été interrompu, vous sentirez, Monsieur, combien il est désirable que je puisse les faire le plus promptement possible.

Veuillez agréer, Monsieur, à cette occasion, l'assurance bien sincère de la parfaite considération de

Votre dévoué serviteur,

A^{te} COMTE,

Ancien élève de l'École polytechnique.

(*N° 159, rue Saint-Jacques*).

A Monsieur GUIZOT, Ministre de l'Instruction publique.

(*Confidentielle*).

Paris, le samedi 30 mars 1833.

Monsieur,

Quoique depuis plus de trois semaines je diffère à dessein de vous écrire, je dois d'abord vous demander sincèrement pardon de vous entretenir d'affaires si peu de temps après la perte cruelle et irréparable que vous venez d'éprouver et à laquelle je compatis vivement. Mais, comme d'après ce que vous avez bien voulu m'annoncer dans notre dernière entrevue, c'était vers le commencement de mars que devait être examinée définitivement la proposition que j'ai eu l'honneur de vous soumettre le 29 octobre dernier sur la création d'une chaire d'*histoire générale des sciences physiques et mathématiques* au Collège de France, je craindrais, en gardant plus longtemps le silence, de donner lieu de croire que j'aurais renoncé à ce projet.

Il serait déplacé, Monsieur, de rappeler ici, même sommairement, les diverses considérations principales propres à faire sentir l'importance capitale de ce nouvel enseignement, et sa double influence nécessaire pour contribuer à imprimer aux études scientifiques une direction plus philosophique, et pour combler une lacune fondamentale dans le système des études historiques : c'est, ce me semble, le complément évident et indispensable de la haute instruction, surtout à l'époque actuelle. Je m'en réfère à cet égard à ma note du 29 octobre, ou, pour mieux dire, Monsieur, je m'en rapporte à votre opinion propre et spontanée sur une question que la nature de votre esprit et de vos méditations antérieures vous met plus que personne en état de juger sainement. Car, je vous avoue, Monsieur, que ce à quoi j'attache le plus d'importance dans cette affaire, c'est que vous veuilliez bien la décider uniquement par vous-même, à l'abri de toute influence, en usant de votre droit à l'égard du Collège de France, qui se trouve heureusement, et par la loi et par l'usage, hors des attributions du Conseil d'instruction publique. Les deux seuls savants qui fassent actuellement partie de ce Conseil, quoique distingués d'ailleurs dans leurs spécialités, sont, en effet, par une singulière coïncidence, généralement reconnus dans le mode scientifique comme parfaitement étrangers à tout ce qui sort de la sphère propre de leurs travaux, et comme pleinement incompétents en tout ce qui concerne la philosophie des sciences et l'histoire de l'esprit humain. Il y aurait, Monsieur, je dois le dire avec ma franchise ordinaire, plus que de la modestie, dans une intelligence comme la vôtre, à subordonner votre opinion à la leur sur une question de la nature de celle que j'ai eu l'honneur de soulever auprès de vous. Si vous pouvez à ce sujet recueillir des conseils utiles, ce n'est pas du moins de la part de vos conseillers officiels.

Comme, depuis cinq mois, vous avez eu certainement le loisir d'examiner cette affaire avec toute la maturité suffisante, sans être importuné de mes instances, je crois pouvoir enfin, Monsieur, sans être indiscret, réclamer à cet égard votre décision définitive. Je suis loin de me plaindre de la situation précaire et parfois misérable dans laquelle je me suis toujours trouvé jusqu'à présent, car je sens combien elle a puissamment contribué à mon éducation. Mais cette éducation ne saurait durer toute la vie, et il est bien temps, à trente-cinq ans, de s'inquiéter enfin d'une position fixe et convenable. Les mêmes circonstances qui ont été utiles (et, à mon avis, indispensables ordinairement) pour forcer l'homme à mûrir ses conceptions et à combiner profondément le système général de ses travaux, deviennent nuisibles par une prolongation démesurée, quand il ne s'agit plus que de poursuivre avec calme l'exécution de recherches convenablement tracées. Pour un esprit tel que vous connaissez le mien, Monsieur, il y a, j'ose le dire, un meilleur emploi de son temps, dans l'intérêt de la société, que de donner chaque jour cinq à six leçons de mathématiques. Je n'ai pas oublié, Monsieur, que dans les conversations philosophiques trop rares et si profondément intéressantes que j'ai eu l'honneur d'avoir avec vous autrefois, vous avez bien voulu m'exprimer souvent combien vous me jugeriez propre à contribuer à la régénération de la haute instruction publique, si les circonstances vous en conféraient jamais la direction. Je ne crains pas, Monsieur, de vous rappeler aujourd'hui cette disposition bienveillante, lorsqu'il s'agit d'une création qui présente en elle-même une utilité scientifique incontestable, et du premier ordre, et qui se trouve en une telle harmonie avec la nature de mon intelligence et des recherches de toute ma vie qu'il serait, je crois, fort difficile aujourd'hui qu'elle pût convenir à aucune autre personne.

J'espère, Monsieur, que vous ne trouverez pas déplacée mon insistance à cet égard après un si long délai. Vous n'ignorez pas que, bien que ce projet fût pleinement arrêté dans mon esprit avant votre ministère, je n'ai point essayé de le soumettre à votre prédécesseur, par la certitude que j'avais de n'en pas être compris, et il est plus que probable que la même raison m'empêchera également d'en parler à votre successeur. Vous concevez donc, Monsieur, qu'il est de la dernière importance pour moi de faire juger cette question pendant que le ministère de l'Instruction publique est occupé, grâce à une heureuse exception, par un esprit de la trempe du vôtre, et dont j'ai le précieux avantage d'être personnellement connu.

Comme cette fonction ne présente heureusement aucun caractère politique, je ne pense pas qu'on puisse trouver dans le système général du gouvernement actuel aucun motif d'exclusion, malgré l'incompatibilité intellectuelle de ma philosophie positive avec toute philosophie théologique ou métaphysique et par suite avec les systèmes politiques correspondants. Dans tous les cas, cette exclusion ne saurait offrir l'utilité d'arrêter mon essor philosophique, qui est maintenant trop caractérisé et trop développé pour pouvoir être étouffé par aucun obstacle matériel, dont l'effet ne pourrait être, au contraire, que d'y introduire, par le ressentiment involontaire d'une injustice profonde, un caractère d'irritation contre lequel je me suis toujours soigneusement tenu en garde jusqu'ici. Comme je ne pense pas que les vexations purement gratuites et individuelles se présentent à l'esprit d'aucun homme d'État, dans quelque système que ce soit, je dois donc être pleinement rassuré à cet égard. Si cependant, Monsieur, quelque motif de ce genre contrariait ici l'effet de votre bienveillance, je ne doute pas que vous ne crussiez devoir me le déclarer franchement, par la certitude que vous auriez que je vous connais trop bien pour ne pas regarder un esprit aussi élevé que le vôtre comme parfaitement étranger à toute difficulté de cette nature.

Je ne pense pas non plus avoir aucun obstacle à rencontrer dans la situation financière, car le budget du Collège de France me semble actuellement pouvoir comporter aisément cette nouvelle dépense sans aucune addition de fonds, la chaire d'économie politique ne devant point probablement être rétablie, à cause du caractère vague et contentieux et de la conception irrationnelle de cette prétendue science telle qu'elle est entendue jusqu'ici. Dans tous les cas, il est nécessaire d'abord de reconnaître en principe la convenance du cours d'histoire des sciences positives, sans y mêler aucune question d'argent. Je puis d'autant plus faciliter une telle décision que je consentirais volontiers à faire ce cours sans aucun traitement jusqu'à ce que la Chambre eût alloué des fonds spéciaux, si le budget actuel était réellement insuffisant.

Par ces divers motifs, j'espère, Monsieur, que vous voudrez bien m'assigner prochainement une dernière entrevue pour me faire connaître, au sujet de cette création, votre détermination définitive, soit dans un sens, soit dans un autre. J'ai besoin de n'être pas tenu plus longtemps en suspens à cet égard, afin de pouvoir donner suite, si une telle carrière m'était malheureusement fermée, aux démarches susceptibles de me conduire, dans une autre direction, à une position convenable, ce qui est devenu maintenant pour moi, après une insouciance philosophique aussi prolongée, un véritable devoir.

J'ai dédaigné, Monsieur, d'employer, auprès d'un homme de votre valeur, les procédés ordinaires de sollicitations indirectes et de patronages plus ou moins importants, que j'eusse pu néanmoins mettre en jeu tout comme un autre. C'est moi seul, Monsieur, qui m'adresse à vous seul. Il s'agit ici d'une occasion unique de m'accorder une position convenable, sans léser aucun intérêt, et en fondant une institution d'une haute importance scientifique, susceptible, je ne crains pas de le dire, d'honorer à jamais votre passage au Ministère de l'Instruction publique. Je crois donc pouvoir compter sur cette épreuve décisive à laquelle je soumets ainsi votre ancienne bienveillance pour moi et votre zèle pour les véritables progrès de l'esprit humain.

Veuillez agréer, Monsieur, l'assurance bien sincère de la respectueuse considération de

Votre dévoué serviteur,

A^{te} COMTE.

(*N° 159, rue Saint-Jacques.*)

P.-S. — Je vous prie, Monsieur, de vouloir bien accepter l'hommage du premier volume de mon *Cours de Philosophie positive,* dont j'ai l'honneur de vous envoyer ci-joint un exemplaire. La publication de cet ouvrage, que les désastres de la librairie avaient suspendue pendant deux ans, va maintenant être continuée sans interruption par un autre éditeur. Je m'empresse de profiter de la première disponibilité de quelques exemplaires pour satisfaire le désir que j'avais depuis si longtemps de soumettre ce travail à un juge tel que vous.

A Monsieur le Général DE THOLOSÉ.

Jeudi 14 janvier 1836.

M. A^te Comte a l'honneur de présenter ses respectueux hommages à M. le général de Tholosé ; il le prie de vouloir bien agréer tous ses remerciements pour l'invitation dont il vient de l'honorer. Attaché depuis plus de trois ans à l'École polytechnique, M. Comte a toujours pensé que si on ne lui avait pas jusqu'ici adr essé, comme à toute autre personne de l'École, de semblables invitations, c'est qu'on présumait que de graves et absorbantes occupations lui interdisaient, d'une manière générale et continue, la faculté d'en profiter jamais : cette supposition était, en effet, très fondée, et ne saurait cesser de l'être. Quoi qu'il en soit, l'année actuelle n'ayant pu déterminer aucun changement dans la position de M. Comte, il se voit ainsi forcé, à son grand regret, de décliner respectueusement l'honneur que M. le général de Tholosé daigne lui faire aujourd'hui.

Son dévoué serviteur,

A^te COMTE.

A Monsieur DULONG.

Mercredi 31 août 1836.

J'ai eu l'honneur de me présenter chez M. Dulong hier et aujourd'hui, sans être assez heureux pour le rencontrer. Je me proposais de lui exposer franchement mon intention de me porter candidat à la chaire que la déplorable perte de mon malheureux ami M. Navier laisse actuellement vacante à l'École polytechnique. Je désirais surtout lui exposer les motifs qui pourraient l'empêcher d'attribuer une telle démarche à une présomption exagérée.

Autant il me paraîtrait ridicule, dans la constitution actuelle, exclusivement spéciale, de notre Académie des sciences, d'aspirer à la succession académique de M. Navier, sans avoir produit jusqu'ici aucun travail spécial, autant il me semble naturel, je l'avoue, de prétendre à des fonctions d'enseignement pour lesquelles j'ai la ferme conviction de pouvoir aujourd'hui soutenir avec avantage une comparaison quelconque. Il ne s'agit, en effet, pour moi, sous ce point de vue, que de remplir, vis-à-vis d'un auditoire plus étendu, des attributions que j'exerce journellement depuis vingt ans pour des élèves moins nombreux. Mes travaux sur la philosophie des sciences, en général, et de la science mathématique, en particulier, qui ne sauraient être envisagés aujourd'hui comme titres académiques proprement dits, me semblent, par leur nature, devoir constituer les titres didactiques les plus spéciaux possible, aux yeux de quiconque a suffisamment approfondi la vraie théorie générale de l'enseignement mathématique. Je crois donc être ainsi éminemment préparé aux fonctions que je vais solliciter. Toutefois, le sentiment de mon aptitude à cet égard ne me fait, j'espère, aucune illusion sur les chances de succès immédiat que peut offrir ma candidature actuelle. Je n'ignore pas que, suivant la routine ordinaire, cette élection se fera sans doute essentiellement dans le même esprit que les élections académiques, c'est-à-dire en faisant prédominer la considération des mémoires spéciaux, malgré les avertissements réitérés que l'expérience a fournis, par d'éclatants exemples, sur l'insuffisance et l'irrationalité d'un tel critérium, comme garantie d'aptitude au professorat. Je regarde d'ailleurs d'avance comme presque certain que M. Coriolis sera choisi, soit en vertu de son incontestable mérite, soit d'après les droits qu'a dû lui acquérir un aussi long exercice des fonctions de répétiteur. Enfin, je ne me dissimule pas que la perte même de M. Navier me prive précisément du seul ami vraiment zélé que je pusse compter dans le sein du Conseil de l'École. Néanmoins, malgré que ces divers motifs ne me permettent d'espérer aucun succès immédiat, je crois qu'il m'importe beaucoup, dans l'intérêt de mon avenir, d'établir formellement ma candidature actuelle, afin que mon silence ne fût point interprété comme une renonciation indirecte, en une aussi grave occasion, à toutes prétentions sur une chaire dont la recherche future m'a seule déterminé à m'attacher, quoique dans un poste subalterne, à l'enseignement de l'École polytechnique, ainsi que je l'ai déclaré autrefois à M. Dulong, en commençant l'exercice de mes fonctions actuelles. Je borne donc, à cet égard, mes espérances immédiates à l'acquisition de quelques voix, suffisantes pour établir clairement, aux yeux de tous, une candidature sérieuse dans toute occasion ultérieure de même nature.

Je présume que le Conseil de l'École procédera à cette nomination dans la première quinzaine d'octobre. Toutefois, je mène une vie extrêmement retirée, surtout en ce temps de vacances, où je suis exclusivement absorbé dans mes travaux personnels; en sorte que l'élection pourrait bien être consommée avant que j'en fusse seulement informé, autrement que par la voie des journaux, comme je l'ai déjà éprouvé en d'autres occasions. C'est pourquoi je serais infiniment obligé à M. Dulong s'il voulait bien prendre la peine de m'avertir du moment précis de cette opération aussitôt qu'il aura été formellement convenu, afin que je puisse voir, en temps opportun, les deux ou trois personnes que je crois devoir faire intervenir à ce sujet. Tel était l'objet essentiel de ma visite actuelle. Si, au lieu de m'y circonscrire, je me suis laissé librement aller à justifier sommairement, aux yeux de M. Dulong, la démarche que je me propose de faire, c'est enhardi par la confiance que m'inspirent ses bontés antérieures à mon égard, et surtout pour conserver, autant que possible, l'opinion favorable dont il a daigné si souvent m'honorer.

J'ai l'honneur d'être, avec la plus respectueuse considération,

Son dévoué serviteur,

A^{te} COMTE.

(9, rue de Vaugirard).

P.-S. — Je crois que, dans l'usage ordinaire, le choix du Conseil de l'École précède constamment la présentation par l'Académie. Toutefois, je prie M. Dulong de vouloir bien me donner aussi sur ce point un renseignement formel, mon intention n'étant pas de faire la moindre démarche vis-à-vis de l'Académie, si ce n'est dans le cas, très peu vraisemblable, où je serais déjà préféré par le Conseil.

A Monsieur CORIOLIS.

Mardi 13 septembre 1836.

Monsieur,

J'ai eu l'honneur de me présenter deux fois chez vous, sans être assez heureux pour vous y rencontrer. Je me propose d'écrire incessamment au Conseil de l'École polytechnique pour m'y porter candidat

dans l'élection qui va avoir lieu en remplacement
de M. Navier. Mais, avant de faire une telle démarche, il m'a paru convenable, Monsieur, de vous
déclarer à vous-même, comme je l'ai déjà fait à
M. Dulong, en lui annonçant cette résolution, que
je n'ai aucun espoir d'obtenir aujourd'hui une chaire
à laquelle vous avez des droits incontestables. Mon
seul but, en me présentant actuellement, est d'annoncer, pour toute nouvelle occasion analogue, une sérieuse candidature à des fonctions auxquelles je crois
que la nature de mes travaux me rend spécialement
propre, et pour lesquelles d'ailleurs je dois être suffisamment préparé par un exercice journalier depuis
vingt ans de l'enseignement mathématique. En consentant à m'attacher, quoique dans un poste subalterne, à l'enseignement mathématique de l'École polytechnique, je n'ai point dissimulé, dès l'origine, que
telle était effectivement ma prétention définitive. C'est
uniquement afin de constater que je n'y ai point
renoncé, que je déclarerai aujourd'hui ma candidature, mais sans entretenir d'ailleurs le moindre espoir
de succès immédiat, et par conséquent, vu ma répugnance pour toute poursuite incertaine, sans faire à
cet égard d'autre démarche que cette déclaration formelle. C'est ce que je désirais, Monsieur, vous expliquer d'abord très clairement, pour prévenir envers
vous la moindre apparence d'une rivalité présomptueuse; abstraction faite de toute comparaison déplacée de notre aptitude respective, je sais aussi bien
que personne que je n'ai pas, en cette occasion, la
plus légère chance de succès.

Veuillez agréer, Monsieur, l'assurance de la considération de

Votre dévoué serviteur,

A^{te} COMTE.

(9, rue de Vaugirard).

A Monsieur FLOURENS.

Dimanche 18 septembre 1836.

Monsieur,

La bienveillante estime que vous m'avez depuis si longtemps témoignée me fait espérer que vous daignerez prendre sur vous de lire demain textuellement à l'Académie la lettre ci-jointe, relative à ma candidature à la chaire de mathématiques transcendantes actuellement vacante à l'École polytechnique par la mort de M. Navier. Je vous prie d'examiner immédiatement cette lettre, toute de principes, afin de vous assurer qu'elle ne contient rien qui doive choquer l'Académie. Vous reconnaîtrez en même temps, Monsieur, que la lecture publique et intégrale en est pour moi d'une très grande importance : elle constitue le seul moyen d'influence que je crois devoir employer envers les membres de l'Académie pour contrebalancer faiblement des interventions très actives en faveur de mes compétiteurs. Cette lettre ne saurait avoir d'effet qu'en soulevant le bon sens de l'ensemble de l'Académie contre l'aveugle routine usitée dans la section de géométrie en toute occasion électorale : je m'y propose d'affranchir les membres non géomètres de la condescendance passive et irréfléchie qu'ils témoignent ordinairement en de tels cas, tandis qu'ils devraient tendre à neutraliser, par leur rationnelle participation, l'empire des préjugés inhérents à une exclusive spécialité mathématique. Vous concevez donc, Monsieur, que cette destination principale serait entièrement éludée, si l'on renvoyait simplement ma lettre à la section chargée de la présentation actuelle, sans que d'abord elle eût été lue intégralement à l'Académie en corps : dans une telle supposition cette lettre me semblerait essentiellement comme non avenue.

Dans un intérêt purement philosophique, vous devez, je pense, Monsieur, attacher quelque importance à ce que la considération exclusive des mémoires spéciaux cesse d'être empiriquement regardée comme un criterium universel de capacité, indistinctement applicable à tous les cas tant didactiques qu'académiques, sans aucun égard à l'harmonie rationnelle entre les moyens et la fin. Les travaux sur la saine philosophie des sciences doivent, sans doute, constituer, à vos yeux comme aux miens, la principale mesure de l'aptitude spéciale aux fonctions de l'enseignement scientifique. Par l'appréciation que vous avez daigné faire, dès l'origine de mes méditations à ce sujet, j'espère que vous contribuerez, dans cette grave occasion, autant qu'il sera en votre pou-

voir, à me placer enfin, après vingt ans de préparation continue, dans une situation plus convenable,
soit pour moi, soit pour la société, que celle où me
retient encore l'obligation de consacrer chaque jour
cinq ou six heures à soutenir mon existence par un
pénible exercice de l'enseignement mathématique,
qui me laisse à peine le temps de poursuivre, même
au sacrifice de mes forces radicales, l'ensemble de
mes travaux philosophiques.

Veuillez agréer, Monsieur, l'assurance bien sincère
de l'affectueuse considération de

Votre dévoué serviteur,

A^{te} COMTE,

Répétiteur d'analyse transcendante
et de mécanique rationnelle
à l'École polytechnique.

(9, rue de Vaugirard).

P.-S. — Si, contre mon attente, un motif quelconque vous empêchait de faire spontanément la
lecture officielle que je vous demande pour demain
lundi, je vous prierais de vouloir bien me renvoyer
immédiatement la lettre, afin que j'eusse le temps de
déterminer quelque académicien à en réclamer, suivant la formalité ordinaire, la lecture textuelle et
publique à laquelle je dois strictement tenir.

A Monsieur POINSOT.

Dimanche matin 18 septembre 1836.

Mon cher Monsieur Poinsot,

Je viens d'écrire à l'Académie des sciences pour déclarer formellement ma candidature à la chaire d'analyse et de mécanique, actuellement vacante à l'École polytechnique par la mort de M. Navier. Le principal objet de cette lettre est de combattre la prévention très défavorable qui existe envers moi, chez la plupart des membres, pour n'avoir point produit jusqu'ici de mémoires proprement dits. J'ai dû, à cet effet, signaler l'indispensable distinction entre la manière de procéder qui convient aux élections d'académiciens et celle qui devrait diriger les nominations de professeurs, en faisant sentir que les mémoires spéciaux, titres prépondérants sous le premier aspect, constituent, sous le second, un criterium fort équivoque, bien moins adapté à la nature des fonctions d'enseignement que les travaux sur la philosophie des sciences auxquels j'ai consacré ma vie intellectuelle. Les esprits les plus routiniers se souviendront, j'espère, à cet égard, que Cauchy et Legendre, quoique analystes très distingués, ont été l'un déplorable professeur, l'autre auteur d'un des plus mauvais ouvrages didactiques qui aient été composés à aucune époque et sur aucun sujet. Vous concevez, mon cher Monsieur, que ce n'est point à vous que je croirai avoir besoin d'expliquer l'harmonie rationnelle qu'il faut établir entre la nature des fonctions à remplir et celle des conditions de leur accomplissement. Je vous prie seulement de vouloir bien insister demain lundi 19 sur la lecture publique et textuelle de ma lettre, en cas qu'elle fût contestée. Cette lettre, toute de principe, ne renferme rien qui puisse choquer l'Académie, et, si vous en doutez, vous pourriez d'ailleurs en prendre une connaissance préalable auprès du secrétaire. Du reste, je compte sur vous pour appuyer ces principes envers la section et dans l'Académie, si la discussion, comme je le désire, s'y établit sur ce sujet, ce que vous pouvez aisément déterminer. Vous devez vous souvenir que, dans une occasion toute semblable, en 1831, j'ai subi une grossière avanie, par l'insolent silence que garda la section sur ma candidature formelle. Il dépend de vous, mon cher Monsieur, de m'éviter aujourd'hui, ainsi qu'à l'Académie, la reproduction d'une telle impertinence, que je n'hésiterais point à relever publiquement avec une énergique indignation, quelles qu'en pussent être les conséquences.

Depuis que je n'ai eu le plaisir de vous voir, ma candidature a dû devenir, sinon plus plausible, du moins plus sérieuse. Persuadé que M. Coriolis serait certainement nommé, j'avais d'abord regardé ma candidature actuelle comme un simple acte de présence, utile seulement à mon avenir. Maintenant, au contraire, M. Coriolis se retire décidément, et je n'ai d'autres concurrents que MM. Duhamel et Liouville, au succès duquel je ne saurais me résigner d'avance avec la même facilité. Quant à M. Liouville, il sera surtout appuyé par M. Poisson et sa coterie ; je n'ai donc point à vous en parler. Vis-à-vis de vous, et de tous les membres animés du même esprit, il ne peut y avoir d'hésitation réelle qu'entre M. Duhamel et moi. Je sens qu'une semblable alternative doit vous être très pénible ; mais je ne l'ai point provoquée ; elle résulte fatalement des circonstances ; et vous ne penserez pas, sans doute, que, pour la faire cesser, je doive aussitôt abandonner une telle partie. Je suis donc nécessairement conduit à vous presser de vous prononcer franchement entre M. Duhamel et moi pour la chaire en question. Vous savez quelle est mon estime pour M. Duhamel, et combien je le crois propre à remplir de telles fonctions. Mais la question n'est plus là : elle consiste maintenant dans une préférence décisive, sur laquelle je ne crois pas devoir céder.

S'il s'agissait d'entrer à l'Académie, vous me connaissez assez pour être persuadé qu'il ne viendrait pas même à ma pensée de faire un seul instant concurrence à M. Duhamel, dans la constitution actuelle, exclusivement spéciale, de votre Académie des sciences. Mais j'avoue franchement, entre nous, que je ne saurais nullement reconnaître à ses droits la même prépondérance, quant à la chaire proposée. Vous n'ignorez point que je me suis, depuis plus longtemps encore que lui-même (depuis vingt ans), journellement occupé de l'enseignement mathématique à tous ses degrés, sous toutes les formes, et surtout sous la plus fatigante, mais aussi la plus profitable comme gymnastique intellectuelle. Vous savez principalement que mes méditations ont été bien plus profondément et plus directement consacrées à la philosophie des sciences, et entre autres à la vraie philosophie mathématique. Nul ne sait mieux que vous combien il importe aujourd'hui de régénérer, à l'École polytechnique, l'enseignement mathématique, en y mettant l'analyse à sa véritable place, en cessant d'y faire prédominer la forme sur le fond, le moyen sur le but, l'instrument sur l'usage. Or, d'après l'intime appréciation personnelle que vous avez pu faire de M. Duhamel et de moi, vous devez, je crois, être pleinement convaincu de mon aptitude plus prononcée à remplir ces conditions capitales. Une telle réforme exige un esprit éminemment philosophique, qui sache s'écarter avec hardiesse de la marche vulgaire, au lieu d'y apporter timidement de légères modifications. Je ne pense donc pas, mon cher Monsieur, que personne puisse trouver mauvais que, tout en favorisant M. Duhamel pour sa juste admission à l'Académie, vous m'accordiez aujourd'hui la préférence pour la chaire mathématique de l'École polytechnique. Vous pardonnerez, j'espère, à mon ancien et respectueux attachement de vous pousser aussi directement dans cette épreuve décisive, qui, je le répète, est indépendante de ma volonté. Si votre choix m'est favorable, je compte principalement sur votre puissante intervention pour m'appuyer dans la section et dans l'Académie, et bientôt auprès du Conseil d'instruction de l'École polytechnique, qui, suivant ce que je viens d'apprendre, doit délibérer sur ce sujet à la fin de septembre. N'oubliez pas, je vous prie, que, par la mort du digne et malheureux Navier, vous restez désormais mon seul ami parmi les géomètres de l'Académie.

En poursuivant, d'une manière irrévocable, ma vocation naturelle pour l'étude positive des généralités scientifiques, j'ai dû franchement renoncer, dans cette belle mais ingrate carrière nouvelle, à l'espoir des succès académiques ordinaires et des diverses récompenses qui en résultent. Trouveriez-vous équitable, mon cher Monsieur, que je dusse abandonner aussi toute prétention à des fonctions auxquelles la nature de mon esprit et le caractère de mes travaux personnels me rendent, j'ose le dire, comme toutes mes habitudes, éminemment propre ? Et, il ne faut pas croire que je puisse patiemment attendre, après vingt ans, une plus favorable circonstance. Car, vous ne devez point vous dissimuler que cette occasion est pour moi vraiment décisive. Si j'échoue aujourd'hui, il ne me restera presque aucun espoir pour l'avenir : les mêmes motifs qui m'auront fait repousser maintenant me feront également préférer plus tard quelque autre spécialité analogue ; vous savez qu'un tel genre de capacité doit abonder de nos jours, surtout quand il est aussi partialement encouragé. Devrais-je donc me résigner à regarder une misérable place de répétiteur adjoint à l'École polytechnique comme le terme de mon ambition, et continuer sans cesse à consumer mon temps et mes forces pour soutenir péniblement mon existence par cinq ou six heures d'enseignement quotidien, avec la perspective de la misère lorsque je ne pourrai plus supporter de telles fatigues !

Excusez, mon cher Monsieur, ce libre et entier abandon qu'a pu seule m'inspirer votre constante bienveillance envers moi depuis vingt ans, et agréez l'assurance de l'inaltérable attachement de

Votre dévoué,

A^{te} COMTE.

(9, rue de Vaugirard).

A Monsieur le Président de l'Académie des Sciences.

Lundi matin 19 septembre 1836.

Monsieur le Président,

Je vous prie de vouloir bien informer l'Académie que j'ai l'honneur de me présenter à ses suffrages comme candidat à la chaire d'analyse transcendante et de mécanique rationnelle actuellement vacante à l'École polytechnique. La position exceptionnelle et très défavorable où je me trouve placé m'oblige à solliciter ici, pour quelques instants, la bienveillante attention de l'Académie entière, afin de justifier sommairement une candidature qui, sans une telle explication, pourrait sembler présomptueuse à beaucoup de ses membres, surtout en présence de concurrents fort recommandables, dont les titres sont susceptibles d'une appréciation beaucoup plus conforme aux habitudes prépondérantes.

Depuis l'origine de l'Académie des sciences jusqu'à une époque très récente, cette illustre compagnie n'a eu essentiellement à faire d'autres élections que celles de ses propres membres. Lorsque, de nos jours, elle s'est trouvée investie de la nomination à diverses chaires, elle a été naturellement conduite, par l'entraînement presque irrésistible d'habitudes profondément enracinées, à y procéder dans le même esprit qu'à ses élections académiques, c'est-à-dire en considérant comme titres prépondérants les mémoires spéciaux sur des points particuliers de la science, sans avoir préalablement examiné, d'une manière directe et générale, l'harmonie rationnelle entre les moyens et la fin. Un tel usage est trop évidemment préjudiciable aux droits de ceux qui, comme moi, se sont, au contraire, principalement consacrés à la philosophie des sciences positives, pour que je ne doive point, en cette grave occasion, soumettre, sur ce sujet, à la raison de l'Académie, quelques respectueuses réclamations.

Je n'ai point à discuter ici la constitution actuelle de l'Académie des sciences, dont le principal caractère consiste à être exclusivement composée d'esprits spéciaux, uniquement livrés à la culture isolée de diverses subdivisions de la philosophie naturelle. Quels que puissent être aujourd'hui, à mes yeux, les vices essentiels d'une semblable organisation, je dois l'accepter comme un fait, que je ne pourrais modifier. Dès lors, l'esprit qui dirige les incorporations académiques, d'après la seule considération des *mémoires* proprement dits, me paraît pleinement conforme à la nature d'une telle institution. Aussi, tant que je n'aurai point à produire de pareils titres, n'oserai-je jamais concevoir la pensée d'une candidature purement académique, à moins qu'un sentiment plus exact et plus profond des besoins actuels de l'esprit humain ne mette ultérieurement en évidence la haute nécessité d'agréger à l'Académie quelques intelligences livrées à l'étude positive des généralités scientifiques. Mais je ne saurais subir avec la même résignation l'extension abusive d'une telle manière de procéder à un ordre d'élections, qui, par sa nature, devrait être conçu d'une manière très différente.

Pour quiconque a suffisamment réfléchi sur la théorie générale de l'enseignement scientifique, il est, ce me semble, évident que l'aptitude à de telles fonctions résulte surtout d'une étude approfondie de l'esprit de la science, de l'appréciation judicieuse de ses méthodes fondamentales, et de la coordination rationnelle de ses diverses parties : l'élaboration spéciale d'un point particulier de doctrine doit constituer, à cet égard, une garantie fort imparfaite et même très équivoque. A défaut de renseignements plus directs, ce dernier titre a dû sans doute être hautement considéré ; mais il serait évidemment irrationnel de lui accorder, pour un tel choix, une influence prépondérante. Les deux natures de capacité ont quelquefois coexisté chez certains génies

éminents et exceptionnels, comme nous le voyons
si bien par les illustres exemples de Descartes, de
Leibnitz et de Lagrange. Mais il demeure néanmoins
incontestable que, dans les cas ordinaires, l'esprit de
détail et l'esprit d'ensemble ne sont presque jamais
réunis. L'expérience a fréquemment montré, surtout dans les sciences mathématiques, qu'une profonde inaptitude à l'enseignement, soit oral, soit
même écrit, est pleinement conciliable avec un
talent très prononcé pour les recherches spéciales ;
l'histoire de l'École polytechnique en a présenté
plusieurs exemples mémorables, que je m'abstiens
de citer. Ainsi, mes travaux, sur la philosophie des
sciences en général et sur la philosophie mathématique en particulier, contenus dans les deux volumes
déjà publiés, de mon *Traité de philosophie positive*,
paraîtront peut-être, en cette circonstance, constituer
des titres plus spécialement adaptés que de simples
mémoires à la nature des fonctions que je sollicite.
Par une suite de la même considération, on ne me
fera point, j'espère, un sujet de reproche de ne pas
m'être borné à la philosophie mathématique, et
d'avoir étendu mes méditations à l'ensemble de la
philosophie naturelle, dont les diverses parties fondamentales sont nécessairement solidaires entre elles.
Une telle extension doit plutôt tendre, ce me
semble, à augmenter directement les garanties rationnelles de capacité didactique.

Ces principes généraux paraîtront d'autant mieux
applicables au cas actuel, que l'on considérera davantage l'importance supérieure de la chaire proposée.

Cet enseignement transcendant est surtout destiné à faire nettement ressortir les conceptions fondamentales de la science mathématique, l'intime connexion rationnelle de ses diverses parties, et en même temps l'ensemble de ses vraies relations avec les différentes branches générales de l'étude de la nature. L'esprit philosophique y est donc plus directement indispensable que pour aucune autre chaire mathématique. Tous ceux qui auront bien observé le système actuel d'enseignement de l'École polytechnique sentiront d'ailleurs plus profondément la nécessité d'y introduire enfin un tel esprit, afin d'y réfréner convenablement l'abus des habitudes algébriques trop exclusives, qui, dans ce célèbre établissement, fait aujourd'hui prédominer habituellement les signes sur les idées, la considération de l'instrument analytique sur celle des phénomènes dont il est uniquement destiné à perfectionner l'étude rationnelle. Cette tendance vicieuse à s'occuper de la composition abstraite des formules bien plus que de leur interprétation concrète, est maintenant la suite presque inévitable d'une culture trop exclusive des spéculations analytiques. Elle ne saurait être plus efficacement combattue que par des intelligences que la considération approfondie de l'ensemble de la philosophie naturelle dispose à concevoir judicieusement la vraie destination de l'analyse mathématique sans méconnaître toutefois sa haute valeur.

D'après ces diverses indications, j'ose espérer que l'Académie voudra bien soumettre à une sérieuse discussion mes titres spéciaux à la candidature actuelle, malgré la prévention défavorable qui résulte, à mon égard, du défaut de mémoires académiques. Je dois d'ailleurs ajouter que, depuis vingt ans, mon existence est continuellement fondée sur un laborieux exercice journalier de l'enseignement mathématique, sous toutes les formes et à tous les degrés dont il est susceptible : en sorte que, quant à la préparation pratique, je puis soutenir sans désavantage une concurrence quelconque.

Quelque incontestables que me paraissent être les principes indiqués dans cette lettre, je sais qu'on ne doit jamais compter sur un succès immédiat quand il s'agit de modifier des habitudes profondément enracinées. C'est pourquoi mes observations s'adressent surtout à l'Académie en corps, beaucoup plus qu'aux sections de mécanique et de géométrie appelées à diriger l'élection actuelle. La participation collective de toutes les sections académiques à de telles nominations serait nécessairement vaine, si cette importante pondération mutuelle ne devait point tendre à neutraliser les préjugés inhérents à chaque spécialité, et dont les autres académiciens peuvent bien mieux se garantir. Je compte donc principalement, en cette circonstance, sur la haute raison des membres que la nature de leurs travaux doit affranchir de préjugés mathématiques, pour substituer enfin, à un usage essentiellement empirique, une discussion directe et rationnelle de l'harmonie nécessaire entre les fonctions à remplir et les conditions les plus propres à leur accomplissement. Si, comme il est probable, le résultat de cette dis-

-cussion ne m'est point immédiatement favorable, -elle ne sera pas, j'espère, sans une véritable utilité ultérieure, soit pour moi, soit pour d'autres. C'est -ce qui pourra expliquer le développement inusité d'une semblable réclamation, dont la lecture intégrale avait, sans doute, dans ma position exceptionnelle, une importance réelle. Des réflexions destinées à perfectionner une partie aussi essentielle des attributions de l'Académie ont peut-être autant de droits à son attentive sollicitude que les communications journalières sur les points de doctrine dont elle s'occupe.

Je crois devoir rappeler en terminant que, en 1831, lors de la dernière nomination à la chaire actuellement vacante, la section chargée de la présentation ne fit, dans son rapport, aucune mention de ma candidature, quoique établie, comme aujourd'hui, par une déclaration formelle, lue publiquement à l'Académie. Les réclamations alors soulevées, même dans le sein de l'Académie, par une telle manière de procéder, me font espérer qu'un semblable silence ne se reproduira point, et que la section voudra bien s'imposer, cette fois, l'obligation de formuler, dans un sens quelconque, son opinion à mon égard.

Daignez agréer, Monsieur le Président, l'assurance sincère de la respectueuse considération de

Votre dévoué serviteur,

A^{te} COMTE,

Ancien élève de l'École polytechnique,
Répétiteur d'analyse transcendante
et de mécanique rationnelle
à l'École polytechnique.
(*9, rue de Vaugirard*).

(Rapportée, en majeure partie, par le *Journal des Débats* du samedi 24 septembre 1836 et presque entière par le *National* du mercredi 28 septembre 1836) (1).

A Monsieur le Général BERNARD.

Mardi soir 20 septembre 1836.

Mon cher Général,

Je regrette infiniment de n'avoir pas eu le plaisir de vous trouver avant-hier dimanche. La douce confiance que m'a inspirée depuis si longtemps votre cordiale bienveillance envers moi m'enhardit à réclamer de nouveau votre puissante intervention auprès de M. le général Tholosé, dans une occasion très décisive pour mon avenir. Il s'agit de la chaire de mathématiques transcendantes, à laquelle je suis attaché depuis quatre ans, à l'École polytechnique, en qualité de répétiteur, et qui vaque aujourd'hui par la mort prématurée du professeur, mon malheureux ami M. Navier. Le Conseil de l'École procédera sans doute la semaine prochaine à cette nomination, dont il est déjà officiellement requis.

Vous savez, mon cher Général, qu'une telle chaire est le terme naturel de mon ambition, après vingt ans employés à fonder une existence précaire sur le

_____
(1) Note d'Auguste Comte.

plus pénible exercice quotidien de l'enseignement mathématique, sous tous ses modes et à tous ses degrés. Les méditations sur la philosophie des sciences, et particulièrement sur la philosophie mathématique, auxquelles, comme vous le savez, j'ai toujours voué, avec une opiniâtre persévérance, ma vie intellectuelle, constituent sans doute, par leur nature, entre tous les travaux scientifiques, les garanties les plus spéciales et les plus rationnelles d'une véritable aptitude à l'enseignement supérieur. Cependant, l'habitude des élections purement académiques a introduit dans les corps savants, par une déplorable confusion, l'usage vicieux de choisir toujours indistinctement d'après la seule considération des *mémoires* proprement dits sur des points particuliers de doctrine, sans s'inquiéter en chaque cas d'une exacte harmonie spéciale entre les fonctions à remplir et les conditions convenables à leur accomplissement. Sous l'influence d'un tel préjugé, ma candidature se présente très défavorablement, car, en poursuivant mes ouvrages philosophiques, je ne pouvais avoir le loisir de composer, comme mes concurrents, des mémoires académiques : or, on oublie qu'il s'agit ici de choisir un professeur, et on procède, sans s'en apercevoir, comme pour nommer un nouvel académicien.

J'ai donc, en cette grave circonstance, un pressant besoin de votre bienveillant patronage, si vous ne vous lassez point d'écrire encore en ma faveur au général Tholosé, comme vous le fîtes l'année dernière : il y a lieu d'espérer que ce sera cette fois avec plus de succès. Vous voyez, mon cher Général, combien je dois avoir confiance, non seulement dans l'affectueuse estime dont vous avez daigné m'honorer depuis longtemps, mais aussi dans la généreuse élévation de votre caractère, pour oser vous adresser une semblable demande, sans avoir soigneusement entretenu, par une fréquentation assidue, vos bonnes dispositions envers moi. Mais, quant aux hommes de votre trempe, je sais que lorsqu'une fois on a eu le bonheur de conquérir leur estime, on peut se dispenser de venir troubler habituellement le libre emploi de leur temps précieux, sans perdre cependant la certitude de les retrouver dans les occasions importantes. Je désirerais seulement pouvoir saisir quelque circonstance, où, dans mon humble sphère philosophique, il dépendît de moi de reconnaître avec une véritable efficacité vos sentiments et votre conduite à mon égard.

Veuillez agréer, mon cher Général, la sincère assurance de l'inaltérable et respectueux attachement de

Votre dévoué,

Aᵗᵉ Comte,

**Répétiteur d'analyse transcendante
et de mécanique rationnelle
à l'École polytechnique.**

(9, rue de Vaugirard).

P.-S. — J'apprends à l'instant, avec la plus vive satisfaction, votre promotion au Ministère de la Guerre. Quelque périlleuse que soit, en nos temps orageux, une semblable position, je sens trop l'importance capitale de la pureté morale et de l'élévation intellectuelle, si rares aujourd'hui dans de tels postes, pour ne pas vous féliciter sincèrement d'avoir consenti à vous charger de ces éminentes fonctions.

Votre noble caractère m'est assez connu d'ailleurs pour que je ne croie pas avoir besoin de rien changer au ton général de ce billet ; ce ne sont pas des ministres tels que vous qui pourraient être choqués de me voir ainsi maintenir la naïve simplicité de mes formes philosophiques.

A Monsieur le Général DE THOLOSÉ,
Président du Conseil d'instruction de l'École polytechnique.

Mercredi matin 21 septembre 1836.

Monsieur le Président,

Je vous prie de vouloir bien annoncer officiellement au Conseil ma candidature formelle pour la chaire d'analyse et de mécanique actuellement vacante à l'École polytechnique.

Constamment livré, depuis vingt ans, par suite d'une vocation prononcée, à un laborieux exercice journalier de l'enseignement mathématique, sous tous les modes et à tous les degrés qu'il comporte, la haute fonction que je sollicite aujourd'hui n'exigerait, j'ose le dire, aucun autre changement effectif dans mes habitudes didactiques que celui qui résulte d'un auditoire plus nombreux et mieux choisi. D'un autre côté, le caractère de mes travaux scientifiques a dû, ce me semble, constituer pour mon intelligence une préparation non moins directe et non moins efficace à une semblable destination, mes ouvrages étant essentiellement relatifs à la philosophie des sciences en général et à la philosophie mathématique en particulier, dont la vraie théorie d'un tel enseignement ne saurait être qu'une application rationnelle.

Envers une assemblée principalement composée de professeurs, il serait superflu d'insister, comme j'ai dû le faire ces jours derniers auprès de l'Académie des sciences, pour établir que de pareils travaux philosophiques sont plus propres, par leur nature, à garantir et à mesurer la capacité didactique que ne peuvent le faire, d'une manière indirecte et empirique, les simples mémoires académiques spéciaux dont l'expérience a d'ailleurs fréquemment confirmé, par d'éclatants exemples, l'insuffisance nécessaire à cet égard. Le Conseil n'ignore pas que, dans les cas ordinaires, la sagacité de détail, qualité dominante des spéculations académiques, est presque toujours incompatible avec l'esprit d'ensemble qui doit essentiellement présider à tout enseignement rationnel. La nécessité de plus en plus urgente, à l'École polytechnique, d'y réformer désormais l'enseignement mathématique, de manière à y faire cesser la déplorable prépondérance des signes sur les idées, pour instituer une plus juste harmonie entre le point de vue abstrait et le point de vue concret, doit y faire attacher aujourd'hui une importance encore plus spéciale à l'esprit philosophique des professeurs. Ainsi, mes ouvrages seraient sans doute insuffisants, comme titres académiques, dans la constitution actuelle, exclusivement spéciale, de notre Académie des sciences; mais je crois pouvoir, au contraire, les présenter avec confiance comme titres éminemment didactiques, malgré la confusion vicieuse qu'on établit trop souvent entre des conditions aussi radicalement différentes.

N'ayant pas l'honorable avantage d'être personnellement connu de la plupart des membres du Conseil, permettez-moi, Monsieur le Président, de vous supplier, en terminant, de vouloir bien leur donner une connaissance intégrale et textuelle de cette lettre, quoique elle excède un peu l'étendue ordinaire de semblables réclamations.

Daignez agréer, Monsieur le Président, l'hommage de la respectueuse considération de

Votre dévoué serviteur,

A^{te} COMTE,

Répétiteur d'analyse et de mécanique
à l'École polytechnique.

(9, rue de Vaugirard).

A Monsieur DE THOLOSÉ.

Vendredi matin 23 septembre 1836.

J'ai eu l'honneur de me présenter ce matin chez M. le général de Tholosé, sans être assez heureux pour le voir. En sa qualité de président du Conseil d'instruction de l'École polytechnique, je dépose chez lui la lettre ci-jointe, par laquelle je déclare ma candidature à la chaire si déplorablement vacante par la mort de mon malheureux ami M. Navier. Je serai infiniment obligé envers M. de Tholosé si, lors de la réunion du Conseil pour cette nomination, il veut bien y lire textuellement cette lettre dont le développement inusité était nécessaire, dans ma position, afin de neutraliser, autant que possible, la prévention défavorable qui résulte à mon égard d'une confusion irréfléchie, que l'habitude a presque consacrée, entre les élections d'académiciens et celles de professeurs.

Je n'ai pas l'honneur d'être assez connu de M. le général de Tholosé pour oser, en cette grave circonstance, solliciter directement en ma faveur sa haute influence personnelle. Mais si la cordiale recommandation de M. le général Bernard pouvait me faire obtenir un aussi précieux appui, je me tiendrais infiniment honoré d'une telle préférence.

Je prie Monsieur le général de Tholosé de dai-

gner agréer l'hommage de la respectueuse considération de

Son dévoué serviteur,

A^{te} COMTE,

Répétiteur d'analyse et de mécanique
à l'École polytechnique.

(9, rue de Vaugirard).

A Monsieur DUBOIS, à Athis.

Dimanche matin 25 septembre 1836.

Monsieur,

J'ai eu l'honneur ces jours derniers de me présenter à plusieurs reprises pour vous voir, sans avoir
l'avantage d'être connu de vous, si ce n'est peut-
être indirectement par d'anciens écrits philosophiques
que vous avez, je crois, daigné remarquer autrefois.
Sous cette faible recommandation, je venais aujour-
d'hui solliciter votre bienveillant appui dans une circonstance très importante pour mon avenir. Il s'agit
du remplacement de mon malheureux ami M. Navier à l'École polytechnique, dont le Conseil d'instruction de l'École va s'occuper très prochainement.
Attaché depuis longtemps à cette chaire en qualité
de répétiteur, je me présente aujourd'hui pour
l'occuper comme professeur. J'ai quelques chances
de succès, soit auprès de l'Académie, soit surtout au

Conseil de l'École. En outre, ma très ancienne liaison d'amitié avec le nouveau Ministre de la Guerre me donnerait la certitude d'être nommé si j'étais présenté par l'un seulement des deux corps. Mais malgré ces divers motifs d'espérance, je ne me dissimule pas que des préjugés dominants et des habitudes invétérées opposent beaucoup d'obstacles à ma candidature, et c'est surtout sous cet aspect, Monsieur, que j'aurais besoin de votre puissante intervention philosophique.

L'habitude presque exclusive des élections purement académiques a introduit dans les corps savants l'usage irrationnel de choisir indistinctement d'après la seule considération prépondérante des *mémoires* proprement dits sur des points spéciaux de doctrine, soit qu'il s'agisse de nommer un académicien ou un professeur. Or, vous concevez aisément, Monsieur, que l'élaboration de mes ouvrages sur la philosophie des sciences en général et sur la philosophie mathématique en particulier, n'a pu me laisser le loisir de composer, comme mes concurrents, des mémoires académiques. Je me suis résigné, depuis longtemps, à l'impossibilité presque absolue qui en résulte pour moi d'entrer jamais à notre Académie des sciences, du moins tant que dominera sa constitution actuelle, exclusivement spéciale. Mais je ne saurais également accepter l'opinion qu'on veut en tirer contre moi, des fonctions de l'enseignement, pour lesquelles de tels titres me semblent, par leur nature, éminemment propres, au contraire, à garantir et à mesurer une aptitude rationnelle, sans compter que, depuis vingt ans, mon existence précaire est constamment fondée sur le plus laborieux exercice journalier de tous les degrés de l'enseignement mathématique. Je me suis efforcé, lundi dernier, de faire sentir à l'Académie cette distinction nécessaire dans une lettre raisonnée qui, quoique un peu longue, y a été lue intégralement sur la recommandation formelle de M. Dulong : vous en pourriez prendre une suffisante connaissance dans le compte rendu de cette séance au *Journal des Débats* d'hier samedi 24 ; elle y est insérée en majeure partie. Malgré l'accueil favorable qu'a reçu cette lettre, j'aurais besoin que, dans le Conseil de l'École, un esprit aussi philosophique et aussi indépendant que le vôtre voulût bien appuyer ces principes. Telle est, ce me semble, la mission essentielle des membres du Conseil que la nature de leurs travaux doit affranchir des préjugés professionnels propres aux mathématiciens trop exclusifs. Je serais bien heureux, Monsieur, si, en cette grave occasion, je pouvais compter sur votre précieuse assistance rationnelle.

Daignez agréer l'assurance de la parfaite considération de

Votre dévoué serviteur,

A^{te} COMTE,

Répétiteur de mathématiques transcendantes
à l'École polytechnique.

(9, *rue de Vaugirard*).

*A Monsieur le Général VAILLANT, Gouverneur
de l'École polytechnique.*

Paris, le 19 août 1839.

Général,

Depuis huit ou neuf ans je me suis toujours porté candidat pour la chaire d'analyse et de mécanique de l'École polytechnique, à chacune des nombreuses vacances qui ont eu successivement lieu pendant cette époque ; en sorte que je pourrais aujourd'hui me dispenser de déclarer formellement une nouvelle candidature, déjà prévue sans doute, par presque tous les membres du Conseil de l'École. Néanmoins, m'étant abstenu de toute semblable démarche, lors de la dernière élection quand M. Liouville fut nommé à la place de M. Mathieu, ce silence inaccoutumé pourrait être interprété mal à propos comme une espèce de renonciation définitive à une telle poursuite, tandis qu'il ne fût réellement qu'une déférence provisoire à un vote antérieur du Conseil, déjà moralement engagé alors envers M. Liouville, auquel j'ai cru devoir ainsi éviter aucune apparence de concurrence. C'est pourquoi, afin que cette discontinuité accidentelle ne fasse point oublier ou méconnaître la suite de mes efforts antérieurs, je crois actuellement nécessaire de rappeler spécialement au Conseil que la position de professeur d'analyse et de mécanique n'a pas cessé un seul instant de constituer le principal objet de ma légitime ambition.

Quant à mes titres pour réclamer une telle amélioration, le Conseil les connaît maintenant assez pour que je puisse me dispenser de les signaler. Bien loin que mes travaux propres m'aient aucunement éloigné de semblables fonctions, il est, au contraire, notoire que depuis vingt-trois ans que j'ai quitté l'École comme élève, mon existence n'a pas un seul instant cessé d'être uniquement fondée sur l'enseignement mathématique dans les modes les plus variés, et dans ses degrés les plus actifs. D'ailleurs, quelque peu de sympathie intellectuelle qu'on puisse éprouver pour des travaux exclusivement consacrés à la philosophie des sciences, il est, à mon gré, impossible d'y méconnaître des titres beaucoup plus réellement spéciaux à des fonctions didactiques, que si mon temps eût été absorbé par des mémoires particuliers sur divers points isolés de la science, puisque tout enseignement vraiment rationnel exige surtout la prédominance habituelle de l'esprit d'ensemble sur l'esprit de détail. Enfin, une occasion décisive a permis, en 1836, de porter sur moi, à cet égard, un jugement direct et positif, indépendant de toute conjecture antérieure, par cela même que j'ai alors rempli, pendant deux mois, à la mort de mon illustre et malheureux ami M. Navier, les fonctions que je sollicite aujourd'hui; en sorte que maintenant le Conseil possède spontanément, à ce sujet, tous les renseignements désirables; ce qui doit profondément distinguer ma candidature actuelle de toutes celles trop prématurées peut-être que j'avais tentées, avant de pouvoir être suffisamment connu.

Quelque honorable que soit sans doute ma situation présente à l'École, elle offre, à mes yeux, de graves inconvénients, qui ne me permettent point de la concevoir autrement que comme un heureux provisoire. Le caractère précaire, inhérent à la nature temporaire de mes doubles fonctions, en remettant chaque année tout mon sort en question, ne constitue pas même la principale cause de cette résolution, quoique un tel défaut, peu sensible réellement pour ma position de répétiteur, doive nécessairement l'être beaucoup pour celle d'examinateur, où je me trouve naturellement exposé, en raison même du bien que je m'efforce d'y faire, à d'énergiques et nombreuses oppositions, sans pouvoir guère compter que sur de vagues et molles adhésions. Mais la parfaite confiance que m'inspire la sagesse reconnue d'un Conseil qui saura toujours dignement apprécier le vrai but actuel d'une amovibilité, d'ailleurs, à mon gré, funeste en principe, dissiperait chez moi toute répugnance pour la conservation indéfinie d'une telle position, si un second obstacle plus réel, et que malheureusement le Conseil ne saurait écarter, ne me faisait une loi impérieuse de tendre sans relâche vers la seule situation que j'aie constamment désirée. Je veux parler de la continuité profondément pénible qu'exige, par sa nature, ma position présente, où je ne fais que passer périodiquement d'une fonction à une autre, sans que, depuis trois ans, il m'ait été possible de trouver même un seul mois de loisir suivi. Un tel mode d'existence, outre la gêne excessive qu'il apporte à mes travaux personnels, auxquels je ne peux habituellement consacrer quelques instants qu'au détriment radical de ma santé, deviendrait sans doute bientôt, par une prolongation exagérée, hors de toute proportion raisonnable avec mes forces réelles. C'est pourquoi, quelque prix que j'attache à conserver provisoirement la double fonction dont la confiance du Conseil m'honore chaque année, personne assurément ne devra s'étonner de mon infatigable persévérance à tendre vers une situation à la fois plus fixe et moins rude, qui me lie à l'École par d'indissolubles relations. L'importance d'une telle occasion, où il s'agit vraiment pour moi de tout le reste de ma carrière, fera j'espère excuser, Général, l'étendue inusitée, peut-être, de ces explications nécessaires que je vous prie de vouloir bien soumettre textuellement au Conseil, intégralement assemblé, en réclamant d'avance son indulgente attention pour cet indispensable éclaircissement.

Daignez agréer, Général, l'hommage de la respectueuse considération de

Votre dévoué serviteur,

A^{te} COMTE,

Répétiteur d'analyse et de mécanique,
et examinateur d'admission
à l'École polytechnique.

(Écrit réellement à Nantes le samedi matin 24 août 1839).

Jeudi 2 janvier 1840.

Mon cher Monsieur Arago,

Si c'était envers vous qu'il s'agît aujourd'hui d'un témoignage spontané de déférence personnelle, il me suffirait pour ne point hésiter, même indépendamment de vos titres éminents à mon respectueux empressement, de me rappeler que vous avez été jadis l'un de mes professeurs ; je crois vous avoir manifesté depuis longtemps, en plus d'une occasion, la sincérité d'une telle disposition, dont j'espère bien que vous ne doutez pas. Mais, quelque honoré que je sois du désir actuel de M. Grote, et malgré la satisfaction que j'éprouverais à ouvrir d'aussi intéressantes relations, je ne crois pas cependant que les premiers pas doivent ici venir de moi : je le regrette d'autant plus que là se trouve mêlée une dame, envers laquelle je serais désolé d'être soupçonné d'aucun défaut de courtoisie. L'heureuse disposition nationale qui nous pousse, en général, à faire cordialement, à tous égards, les honneurs de notre France, ne doit pas, ce me semble, dégénérer en un encouragement indirect de la tendance plus ou moins aristocratique qui, comme vous savez, caractérise presque toujours les mœurs anglaises, chez les hommes même les plus avancés. Cette réserve m'est d'autant plus spécialement nécessaire que, n'appartenant à aucun parlement. ni à aucune académie, je puis craindre davantage qu'une condescendance exagérée ne fût interprétée comme une sorte d'obséquieuse reconnaissance de subalternité sociale, dont je suis et dois être fort éloigné. Quoique les habitudes philosophiques disposent à dédaigner les formalités ordinaires, surtout chez ceux qui naturellement y tiennent aussi peu que moi, elles ne doivent point nous faire oublier, vis-à-vis des gens du monde, le juste maintien de la dignité spéculative, dans l'intérêt même d'une meilleure propagation de la vérité. Je crois donc devoir finalement vous informer que M. Grote me trouvera chez moi tous les soirs (de 7 h. à 9 h.), excepté le vendredi et le samedi où je vais après dîner à l'École polytechnique : si, par accident, sa visite était infructueuse, je m'empresserais dès lors, quoique fort occupé, d'accepter le rendez-vous qu'il voudrait bien me proposer chez lui, à sa propre convenance.

Veuillez agréer, je vous prie, avec l'expression de mes regrets, l'assurance de l'affectueux respect de

Votre dévoué,

A^{te} COMTE.

A Monsieur le Président de l'Académie des Sciences.

Paris, le lundi 13 juillet 1840.

Monsieur le Président,

Dans ma dernière candidature pour la chaire d'analyse transcendante et de mécanique rationnelle, alors, comme aujourd'hui, vacante à l'École polytechnique, j'eus l'honneur, il y a quatre ans (le lundi 19 septembre 1836), de soumettre à l'Académie quelques respectueuses réclamations que cette illustre compagnie daigna écouter intégralement avec une bienveillante attention, quoiqu'elles fussent entièrement dirigées contre l'esprit habituel de telles élections. En les reproduisant sommairement aujourd'hui, je dois d'autant plus compter sur une disposition non moins favorable, qu'une expérience décisive, dont je parlerai ci-après, et qui alors n'avait pu encore avoir lieu, est venue depuis confirmer, à mon avantage, l'exactitude de ces réflexions générales.

N'ayant opéré, pendant un siècle et demi, d'autres élections que celles de ses propres membres, l'Académie a dû être spontanément entraînée, par l'irrésistible ascendant d'une telle habitude, à transporter ensuite le même esprit à tous les autres choix dont elle a été successivement investie dans le siècle actuel, en jugeant aussi les professeurs, comme les académiciens eux-mêmes, d'après la considération prépondérante des mémoires spéciaux relatifs à des points particuliers de la science. Or, cette disposition, très rationnelle à l'égard des choix purement académiques, du moins jusqu'à ce que la constitution de l'Académie s'adapte plus complètement aux besoins actuels de l'esprit humain, devient, au contraire, j'ose le dire, essentiellement empirique, quand on l'étend abusivement à des élections d'une tout autre nature, auxquelles devrait présider un tout autre esprit. Une aussi sage compagnie n'a certainement besoin que d'être franchement avertie à ce sujet, pour se tenir désormais suffisamment en garde contre l'entraînement involontaire de ses propres antécédents, afin que le public impartial et éclairé ne puisse point lui reprocher de ne connaître qu'un seul mode immuable d'apprécier les hommes à quelques destinations diverses qu'il s'agisse de les appliquer. Si l'Académie, comme le sont d'ailleurs d'autres corporations savantes, était directement investie du droit de députation à nos assemblées nationales, elle ne continuerait point, sans doute, à prendre encore la considération des mémoires académiques pour mesure essentielle de la capacité politique. Appliqué à la capacité didactique, cet aveugle usage n'est pas, au fond, plus conforme à l'harmonie nécessaire entre les moyens et la fin.

D'éclatants exemples, qu'il serait superflu de citer, ont nettement prouvé, de nos jours, surtout dans l'histoire de l'École polytechnique, qu'une éminente aptitude au perfectionnement isolé de divers sujets scientifiques était pleinement conciliable avec une radicale inaptitude à tout enseignement rationnel, non seulement oral, mais encore écrit. Cette irrécusable observation sera aisément expliquée par tous ceux qui auront convenablement approfondi la vraie théorie de l'enseignement, où l'esprit d'ensemble devient spécialement indispensable, puisqu'il y faut surtout la considération habituelle du caractère fondamental de la science, de l'exacte coordination de ses diverses parties, et de ses rapports essentiels avec le reste du système scientifique. Est-il donc surprenant que cet esprit d'ensemble, sans être rigoureusement incompatible avec l'esprit de détail qui doit ordinairement présider aux travaux académiques proprement dits, accompagne toutefois très rarement l'aptitude aux recherches spéciales, presque toujours concentrées sur des points de doctrine isolés, dont la préoccupation continue doit disposer à oublier ou à négliger les autres éléments de la science ? Aussi, quoique n'ayant pas composé de *mémoires*, et ayant dirigé tous mes travaux vers la philosophie des sciences positives, j'ose croire que mes titres sont réellement beaucoup plus spéciaux pour une candidature, non académique, mais didactique, que si j'eusse employé autant de temps et d'efforts à perfectionner les connaissances de détail. Ceux mêmes, parmi les juges compétents auxquels mes recherches inspirent le moins de sympathie, ne sauraient méconnaître que les trois premiers volumes de mon *Traité de philosophie positive* sont éminemment propres, par leur nature, à déterminer péremptoirement si leur auteur possède ou non la capacité didactique, pour laquelle la plupart des mémoires ne peuvent, au contraire, fournir que des indications vagues, indirectes, fort équivoques, et souvent trompeuses.

Si l'esprit philosophique, en tant que distinct de l'esprit purement scientifique, est généralement indispensable à tout enseignement rationnel, aucun autre cas ne saurait, ce me semble, plus impérieusement exiger une telle condition fondamentale que celui dont il s'agit ici, vu l'importance supérieure de cette chaire transcendante, destinée surtout à faire nettement ressortir les conceptions principales de la science mathématique, l'intime solidarité de ses diverses parties essentielles et l'ensemble de ses vraies relations avec les différentes branches de la philosophie naturelle. Beaucoup de juges compétents qui ont pu convenablement observer, soit en lui-même, soit dans ses résultats ordinaires, le système actuel d'enseignement de l'École polytechnique, y déplorent avec raison l'abus des habitudes algébriques trop exclusives, qui disposent à mal concevoir la relation générale de l'abstrait au concret, une vicieuse prépondérance des signes sur les idées, qui tend bien plus à orner la mémoire qu'à exercer le jugement, enfin un penchant trop commun à faire prévaloir la considération isolée de l'instrument analytique sur celle des phénomènes dont il est éminemment destiné à perfectionner l'étude rationnelle : d'où résultent trop fréquemment de graves altérations à l'heureuse influence, pratique ou théorique, de cette belle institution. Or, de tels dangers exigent évidemment l'introduction directe de l'esprit philosophique, qui ne sacrifie plus l'interprétation concrète des formules à leur contemplation abstraite, et qui, toujours préoccupé de la considération approfondie de l'ensemble de l'étude de la nature, sache enfin disposer les jeunes intelligences à sentir judicieusement la vraie destination de l'analyse mathématique, tout en faisant dignement ressortir ses éminents attributs.

Telles sont les indications préliminaires relatives à l'appréciation spéciale, pour ma candidature actuelle, de mes travaux écrits, que chaque juge peut directement examiner. Quant à mes titres pratiques, je dois d'abord rappeler que, depuis vingt-quatre ans, mon existence n'a jamais cessé de reposer uniquement sur l'exercice le plus actif et le plus pénible de l'enseignement mathématique, dans tous les modes et à tous les degrés dont il est susceptible : en sorte que je ne saurais craindre, sous ce rapport, aucune concurrence quelconque. Attaché depuis huit ans à l'École polytechnique, j'y ai été inopinément conduit par mes devoirs, aussitôt après avoir échoué dans ma candidature de 1836, à remplir provisoirement, pendant deux mois, les éminentes fonctions que je sollicite aujourd'hui. La manière dont je m'en acquitte est devenue maintenant tellement notoire, que les juges même les plus mal disposés envers moi n'hésiteront pas, j'espère, à reconnaître l'imposant témoignage qui en résulte en ma faveur. Qu'il me soit permis, à ce sujet, de rappeler spécialement l'irrécusable suffrage d'un illustre savant, dont l'Académie, comme l'École polytechnique, déplorera longtemps encore la perte prématurée, et qui, alors directeur des études de cette

École, avait personnellement assisté à beaucoup de mes leçons ; je n'oublierai jamais le zèle généreux avec lequel sa rare et scrupuleuse loyauté, surmontant sa modeste réserve habituelle, lui fit une loi de proclamer énergiquement les impressions favorables que cette épreuve décisive lui avait inspirées à mon égard, afin de repousser, par l'irrésistible ascendant de son esprit et de son caractère, les injustes et malveillantes insinuations auxquelles j'avais été en butte, un peu auparavant, au sein même de cette Académie. Malgré que sa voix consciencieuse ne puisse plus hélas ! s'élever pour faire rendre à mes services la tardive justice qu'il avait daigné me promettre d'après une telle expérience, je ne crains point aujourd'hui d'appeler directement, en garantie de ce que je viens d'avancer, tous ceux qui, à un titre quelconque, ont eu connaissance de cette affaire ; j'en adjure spécialement l'illustre géomètre auquel tous les bons esprits se félicitent de voir enfin confiée la direction générale de notre enseignement mathématique, et qui, ne m'ayant jamais perdu de vue depuis que j'eus le bonheur, il y a plus de vingt-cinq ans, d'être son élève à l'École polytechnique, est le plus propre à juger mon aptitude réelle aux fonctions didactiques que je viens réclamer aujourd'hui.

En cette grave conjoncture, d'où va dépendre tout mon avenir social, je crois devoir, avec une haute franchise, me placer immédiatement sous la protection de l'ensemble de l'Académie contre les préventions qui ont pu subsister à mon égard dans les sections spéciales auxquelles se rapporte naturellement une telle candidature. Si une sage institution n'a point confié aux sections isolées de semblables nominations, et, leur attribuant seulement la présentation et la discussion, a soigneusement réservé au corps entier de l'Académie la décision finale, ce n'est point, sans doute, uniquement dans la crainte des rivalités personnelles : ce doit être surtout afin de neutraliser, autant que possible, par cette indispensable pondération mutuelle, les divers préjugés inhérents à chaque spécialité, et dont les autres académiciens doivent spontanément être mieux préservés. C'est donc sur leur haute raison que je compte le plus ici pour rappeler convenablement l'harmonie rationnelle qui doit exister entre les fonctions à remplir et les conditions les plus propres à leur accomplissement. On doit, sans doute, toujours désirer, surtout en un cas aussi capital, que le talent didactique ne soit pas, s'il est possible, séparé d'une vraie capacité d'invention : mais sous ce dernier aspect, il est évident que les *mémoires* ne constituent point la seule garantie décisive. Tous ceux qui, même sans adopter mes principes, auront impartialement apprécié mes travaux, me rendront, j'espère, la justice de reconnaître que la non-production de mémoires académiques ne tient nullement chez moi à la stérilité d'invention, mais à la direction inusitée que ma vocation caractéristique a dû imprimer à l'ensemble de mes propres recherches, dont les principaux résultats, quoique d'une autre nature, ne sont certainement, j'ose le dire, abstraction faite de leur réalité, ni moins originaux, ni moins difficiles, ni moins importants, que ceux qui se rattachent à la marche la plus suivie depuis deux siècles. Si, à raison même de son caractère, et surtout de sa nouveauté, ma direction philosophique m'interdit inévitablement presque toute participation aux divers encouragements, utiles ou honorifiques, que l'organisation actuelle prodigue très justement aux recherches purement scientifiques, faut-il aussi me voir enlever, par suite de cette position exceptionnelle, jusqu'aux attributions qu'une telle vie intellectuelle doit me rendre plus spécialement apte à remplir ? Personne n'oserait l'admettre, à moins de regarder la philosophie des sciences comme ne méritant, de la part des savants, aucune sorte d'encouragement quelconque, et comme en devant être, au contraire, systématiquement repoussée : ce qui certes n'est nullement l'intention de l'Académie, qui, en conséquence, empêchera, j'espère, que le principe de la spécialité, abusivement détourné, à mon préjudice, de sa vraie destination rationnelle, ne soit ici érigé en maxime directement opposée au principe universel de l'aptitude, dont il ne doit évidemment constituer qu'un simple cas particulier, par la subordination constante du moyen au but.

Je ne crois pas, en terminant, devoir excuser, auprès de l'Académie, l'étendue inusitée de la discussion que je viens d'ébaucher, sauf le regret que j'éprouve de n'avoir pu l'indiquer sans confusion en termes plus concis. Car, des réflexions directement destinées à perfectionner, au profit de tous, une des plus importantes attributions actuelles de l'Académie, ont tout autant de droits, sans doute, à sa scrupuleuse sollicitude que les communications journalières qu'elle reçoit sur des points particuliers de doctrine. Le périlleux honneur d'avoir cette fois pour concurrent un académicien, me fait d'ailleurs espérer que ma respectueuse remontrance obtiendra aujourd'hui un surcroît spécial d'attention et même d'intérêt, de manière à prévenir ou à dissiper des inquiétudes trop conformes à l'esprit critique de notre temps pour devoir être entièrement dédaignées. Au reste, quel que doive être le sort réel de cette nouvelle candidature, je dois ici déclarer finalement que je ne renoncerai jamais à une chaire qui, depuis vingt-quatre ans, fut, à mes yeux, un but constant d'efforts journaliers, l'expérience ayant désormais pleinement motivé cette juste obstination, en démontrant, d'une manière irrécusable, que mon aptitude effective correspond suffisamment à cette légitime ambition.

Daignez agréer, Monsieur le Président, l'hommage de la respectueuse considération de

Votre dévoué serviteur,

A^{te} COMTE,

Ancien élève de l'École polytechnique,
Répétiteur d'analyse transcendante
et de mécanique rationnelle à cette École,
et examinateur des candidats qui s'y destinent.

(5, rue d'Ulm, près le Panthéon).

AVIS

Paris, le mardi 4 août 1840.

Conformément au règlement formel de l'Académie des sciences, la lettre suivante devait être lue intégralement à cette Académie, dans sa séance du lundi 3 août 1840, sur la demande spéciale d'un membre (M. de Blainville), qui en avait personnellement garanti la convenance. Après la lecture des deux premiers alinéas, un académicien (M. Thénard) a demandé que cette lecture ne fût point continuée ; et elle a été en effet supprimée, par suite d'une délibération à laquelle la grande majorité de l'Académie paraît être restée essentiellement étrangère. Dans l'intérêt de ma candidature, je crois donc devoir aujourd'hui publier textuellement ma lettre, afin que les nombreux académiciens qui, n'ayant point participé à cet acte d'oppression, ne sont pas décidés à me condamner sans m'entendre, ne se trouvent pas ainsi privés d'une communication susceptible d'éclairer l'important jugement qu'ils doivent prochainement prononcer. Il faut aussi que le public impartial et éclairé, supérieur aux passions et aux préjugés des coteries scientifiques, puisse directement apprécier si aucune partie quelconque de ma lettre a réellement motivé une telle dérogation aux usages, aux règlements, et, j'ose le dire, aux devoirs académiques, surtout en un cas où, me trouvant en concurrence avec un membre de cette Académie, je devais, ce me semble, davantage espérer qu'une respectueuse discussion ne m'y serait pas violemment interdite. Cette mesure exceptionnelle paraîtra maintenant d'autant plus étrange que, dans une occasion identique, une lettre essentiellement semblable, soit pour le fonds, soit pour la forme, que j'avais adressée à l'Académie le 19 septembre 1836, y avait été, sur la demande de l'illustre Dulong, lue entièrement à la satisfaction générale de l'Académie et du public, comme le témoignèrent alors spontanément les comptes rendus des principaux journaux, quoique je n'eusse point fait encore, à l'École polytechnique, les leçons de haute mathématique qui constituent aujourd'hui mon titre le plus décisif à la chaire que je réclame.

A^te COMTE.

A Monsieur **POINSOT.**

Dimanche 21 août 1842.

Monsieur,

En vous adressant aujourd'hui le vi^e et dernier volume de mon grand ouvrage, qui vient enfin de paraître depuis quelques jours, je dois vous prévenir loyalement que, dans une note étendue, de la page 469, il contient une appréciation juste mais sévère de votre conduite envers moi, contrairement à vos promesses formelles, au sujet de la honteuse iniquité dont je fus victime, le 3 août 1840, de la part de votre Académie, à l'occasion de la lettre, toute philosophique, destinée à soutenir ma candidature à une chaire où je croyais alors, et où je crois encore, de plus en plus, avoir plus de droits réels que qui que ce soit maintenant. . Quoique deux ans se soient écoulés depuis, ils n'ont nullement affaibli la profonde indignation que dut m'inspirer un tel acte, dans le cas peut-être le plus décisif de ma carrière didactique ; car, après m'avoir préféré un professeur tel que M. Sturm, à qui pourrait-on désormais s'abstenir de sacrifier mes justes droits ? Or, cet échec dépendit surtout de cette ignoble violence, contraire à tous les règlements et à toutes les convenances, par laquelle votre Académie se montra résolue d'enlever, à tout prix, la nomination imméritée de votre confrère, de manière à contenir ou à détourner les dispositions favorables que l'on avait d'abord généralement reconnues à mon égard chez le Conseil polytechnique, impuissant à soutenir contre l'Académie une lutte aussi inégale. Habitué, Monsieur, à vous respecter et à vous aimer, depuis vingt-cinq ans, il m'en a coûté beaucoup pour me convaincre alors, d'après votre conduite caractéristique en cette occasion, que vous n'aviez mérité que sous le seul aspect intellectuel cet hommage volontaire ; et que, plutôt hostile au fond qu'indifférent envers moi, vous m'aviez au moins toujours regardé comme un rêveur sans conséquence, bon tout au plus à vous prôner, et qui, étranger à toute coterie, ne méritait pas que vous compromissiez même momentanément votre repos chéri, pour soutenir l'évidente justice de la réclamation. Un mot de votre part, à l'appui des courageuses instances de M. de Blainville, eût certainement empêché cette violence académique, et laissé surgir une libre discussion, qui eût certainement tourné à mon avantage, comme l'indique l'extrême ardeur de mes adversaires pour étouffer une telle appréciation rationnelle. Outre votre formelle promesse à ce sujet, vous étiez d'autant plus obligé, Monsieur, d'exiger la lecture intégrale de ma lettre que c'est d'après vos seules instances que mon ami M. de Blainville s'était décidé mal à propos à en ajourner la présentation le lundi précédent, jour où aucune machination n'ayant pu être tramée à ce sujet entre M. Thénard et ses dignes acolytes, actifs ou passifs, la lecture de cette lettre eût été certainement accomplie sans aucune opposition. Il y a peu de jours encore, Monsieur, un académicien, qui est d'ailleurs très loin de m'être favorable, me témoignait de nouveau, et par écrit, combien il avait regretté que son état de maladie ne lui permît pas alors de réclamer ou de protester contre cette infâme violence. Or, vous, Monsieur, qui avez si longtemps affecté envers moi une bienveillance toujours stérile, vous avez, au contraire, par un lâche silence, coopéré, sans doute involontairement, avec ceux qui avaient comploté de me perdre et de m'avilir, quoique l'événement ait bien plus tourné contre eux que contre moi près du public impartial.

En terminant ici, Monsieur, les longues relations que j'avais tenu à honneur d'entretenir avec vous dès ma jeunesse, je regrette d'avoir été forcé, par votre conduite en cette grave occurence, de consigner envers vous un blâme motivé dans un ouvrage qui n'est point éphémère, et qui, j'ose le dire, ne vivra pas moins que votre nom. Mais je compte encore que, dans une consciencieuse appréciation secrète, vous reconnaîtrez essentiellement vous-même l'indispensable nécessité de cette sévérité méritée.

J'ai l'honneur d'être, Monsieur, pour la dernière fois de ma vie, avec une parfaite considération,

Votre dévoué serviteur,

A^u COMTE,

Examinateur pour l'École polytechnique.

(10, rue Monsieur-le-Prince,
près l'Odéon).

A Monsieur le Général BOILLEAU, Président du Conseil d'instruction de l'École polytechnique.

Paris, le samedi 2 septembre 1843.

Général,

En cas que quelques mutations éventuelles entraînent, pendant ma tournée, la vacance effective de l'une quelconque des deux chaires d'analyse et mécanique, je crois devoir, avant mon départ, vous prier de vouloir bien présenter, en mon nom, l'explication suivante au Conseil d'instruction, dans sa première réunion à ce sujet.

Ma dernière candidature pour cette même chaire, en 1840, m'a donné lieu d'exposer suffisamment mes titres à cet égard. J'y ai, en outre, formellement annoncé d'avance ma résolution générale de me présenter de nouveau chaque fois que la chaire redeviendrait vacante. Néanmoins, l'époque même d'une telle déclaration me détermine à la reproduire expressément aujourd'hui, afin que personne ne puisse maintenant interpréter mon abstinence volontaire d'aucune autre démarche comme une sorte de renonciation implicite à un changement de position que je ne cesserai jamais de réclamer, parce que je crois y avoir acquis depuis longtemps des droits imprescriptibles.

Daignez agréer, Général, l'hommage de la respectueuse considération de

Votre dévoué serviteur,

A^{te} COMTE,

Répétiteur d'analyse et de mécanique
et examinateur d'admission
à l'École polytechnique.

*A Monsieur le Maréchal Duc DE DALMATIE,
Ministre de la Guerre.*

Paris, le jeudi 25 janvier 1844.
(Remise le 30 janvier).

Monsieur le Ministre,

Quand j'ai été, en 1837, nommé, pour la première fois, examinateur d'admission à l'École polytechnique, je n'ignorais pas que, d'après l'ordonnance fondamentale du 30 octobre 1832, ces fonctions étaient désormais soumises à une réélection annuelle. Néanmoins, je n'hésitai pas alors à renoncer immédiatement à la majeure partie des avantages que me procurait l'enseignement mathématique, afin d'atténuer, autant que possible, l'inconvénient des récusations auxquelles je serais ainsi assujetti naturellement, dans les examens de Paris, envers mes propres élèves ; aussi, des diverses écoles préparatoires où j'enseignais avant cette nomination, n'ai-je dès lors conservé que la moins abondante en candidats. Je devais penser, en effet, que ce nouveau caractère temporaire n'avait été attribué qu'aux fonctions d'examinateur, comme il l'était déjà aux fonctions de répétiteur d'analyse et de mécanique, que j'exerce à l'École polytechnique depuis 1832, qu'afin de fournir un moyen régulier d'écarter aisément un examinateur qui aurait cessé de remplir suffisamment les conditions indispensables, soit de capacité, soit de moralité. Certain de ne jamais mériter de telles plaintes, et d'ailleurs attachant, en général, peu d'importance aux formes, cette nouvelle position me semblait offrir, tant que mes devoirs seraient bien accomplis, presque autant de stabilité que celle de mes trois collègues précédemment institués à vie. Jusqu'ici, en effet, c'est ainsi qu'on s'est unanimement accordé à comprendre ce mode temporaire, d'après lequel mes fonctions d'examinateur m'ont été successivement maintenues pendant six ans, sans plus d'embarras que celles de répétiteur. Mais, en me présentant, pour la septième fois, le 19 mai dernier, le Conseil d'instruction de l'École polytechnique a décidé que le Directeur des études (feu M. Coriolis) me notifierait, à titre d'avis, l'intention manifestée, à cette occasion, par quelques membres, d'imprimer désormais un autre caractère au droit annuel de présentation, quoique ce projet n'ait pu d'ailleurs donner lieu à aucun vote formel. M. Coriolis m'a donc averti, au nom du Conseil, qu'une notable partie de ce corps semblait maintenant disposée à changer chaque année la personne appelée à ces fonctions, sans aucun grief quelconque, et dans l'unique vue d'essayer systématiquement une innovation proposée comme utile au service. Une telle mesure devant altérer profondément le sens généralement attaché jusqu'ici au règlement usité, de manière à détruire les conditions naturelles, quoique tacites, sous lesquelles j'avais d'abord accepté cette proposition, je me trouve forcé, de mon côté, de vous demander directement, Monsieur le Ministre, de modifier, en sens inverse, la règle actuelle, en rendant aux fonctions d'examinateur la stabilité qu'elles avaient avant 1832, et qu'elles conservent même chez mes trois collègues, puisque je suis encore la seule personne à laquelle l'annualité ait dû être appliquée.

Il serait ici superflu d'insister beaucoup sur l'évidente supériorité que présente, pour cet important service, une telle fixité personnelle, comparée surtout au renouvellement annuel qu'on paraît vouloir introduire, quoique d'ailleurs il n'existe pas, en général, de mesure quelconque, fût-elle presque conçue au hasard, qui, sous un certain aspect partiel, n'offre quelque avantage réel. Ces fonctions exigent, par leur nature, une combinaison très délicate de qualités intellectuelles et morales, assez rare pour rendre bientôt impraticable le mode ainsi projeté, par l'impossibilité de trouver les douze ou seize personnes suffisamment convenables que supposerait au moins son application effective aux quatre places d'examinateur. En outre, les hommes les plus propres à un tel office ne doivent presque jamais le remplir immédiatement, quelque puisse être leur zèle, avec la perfection désirable, faute d'une suffisante expérience spéciale, dont aucune supériorité personnelle ne peut vraiment dispenser. L'innovation proposée est radicalement contraire à cette évidente condition : elle tend à écarter un fonctionnaire à l'instant même où il peut commencer à bien remplir sa mission. En augmentant beaucoup l'instabilité actuelle de ses fonctions, ce projet tend d'ailleurs à les faire souvent dédaigner par ceux qui en seraient le plus dignes. Il diminue, autant que possible, une indispensable responsabilité, non moins morale qu'intellectuelle, qui deviendrait ainsi presque illusoire pour les nombreuses personnes alors appelées successivement à cet office, que chacune d'elles n'exercerait peut-être qu'une seule fois dans toute sa carrière, ou, du moins, ne réitérerait qu'à de longs intervalles indéterminés, à peu près comme chez les jurés. Cette multiplicité et cette instabilité aggraveraient extrêmement l'inconvénient, déjà inhérent à ma position actuelle, que présente la réunion, ainsi presque inévitable, des fonctions d'examinateur à celles de professeur d'une portion des candidats.

La stabilité régulière, que je propose de rétablir, offre, au contraire, évidemment, des avantages fondamentaux, et les dangers qui s'y rattachent peuvent être fort atténués, ce me semble, par le mode que je vais avoir l'honneur de vous soumettre. Nos fonctions d'examinateurs d'admission sont très analogues à celles des juges, et les graves considérations sociales qui ont motivé l'inamovibilité de ceux-ci conviennent pareillement aux autres. Il faut, dans les deux cas, une rare énergie morale afin que le devoir d'un fonctionnaire temporaire ne fléchisse jamais devant les instances de ceux dont dépend son sort précaire, quand il s'agit, par exemple, de rejeter un candidat parent ou protégé de quelqu'un de ses électeurs annuels. Lorsqu'on institua à vie les principaux examinateurs de sortie à l'École polytechnique, les mêmes motifs militaient également pour étendre, à plus forte raison, cette garantie d'indépendance aux examinateurs d'admission, qui non seulement fixent aussi l'ordre de mérite des candidats, mais encore doivent réellement, année commune, écarter les trois quarts de ceux qu'ils jugent. Si leur annualité actuelle était vraiment avantageuse au service, de semblables considérations détermineraient, avec plus de force encore, à traiter ainsi les fonctions de professeur, qui, du moins, n'exigent pas une haute énergie morale : personne pourtant ne l'oserait proposer, sans qu'il existe peut-être d'autre raison véritable d'une telle différence, si ce n'est que les savants consultés, en 1832, sur cette amovibilité, avaient été professeurs et jamais examinateurs. Enfin, l'institution à vie permet d'exiger que les examinateurs s'interdisent toute participation à l'enseignement préparatoire, pourvu que le traitement actuel soit assez augmenté pour en pouvoir dispenser les fonctionnaires sans fortune personnelle. On ferait ainsi cesser cette sorte de fausse position qui résulte aujourd'hui, chez moi, de l'existence d'une inévitable supériorité hiérarchique envers des professeurs dont je suis, en d'autres instants, le collègue.

Quant aux craintes raisonnables que peut suggérer cette permanence rendue aux fonctions d'examinateurs, je n'ai point à m'occuper ici de celles relatives aux cas extrêmes de prévarication ou d'impuissance, qui ne comportent et n'exigent d'autre remède que la fermeté d'une sage administration : les offices quelconques ne constituent jamais d'inviolables propriétés ; et l'inamovibilité des juges, par exemple, n'ôte nullement la faculté d'éliminer ceux qui deviendraient réellement indignes de leur poste. Ces exceptions étant écartées, le seul danger sérieux d'une telle institution à vie consiste surtout en ce qu'il est très difficile, et le plus souvent presque impossible, de bien juger, avant l'expérience, l'aptitude effective à de telles fonctions, qu'on risquerait dès lors de conférer indéfiniment à des sujets insuffisants. Mais il est aisé, ce me semble, de remédier assez à ce grave inconvénient, en ne confiant d'abord ces fonctions que pour trois ans, pendant lesquels le fonctionnaire peut être convenablement apprécié, la permanence n'étant ensuite accordée que d'après une telle épreuve.

Par ces divers motifs, je crois devoir, Monsieur le Ministre, vous proposer, contrairement au projet exposé, le 19 mai 1843, au Conseil polytechnique, d'apporter aujourd'hui à l'ordonnance du 30 octobre 1832 les modifications suivantes, que je me permets de rédiger sous forme réglementaire, dans la seule vue d'abréger :

1° Les examinateurs d'admission à l'École polytechnique seront désormais permanents, de même que les principaux examinateurs de sortie, et comme ils l'étaient avant 1832 ;

2° Leur traitement sera égalé à celui de ces derniers examinateurs, dont les fonctions, sans être plus importantes ni plus difficiles, sont beaucoup moins pénibles ;

3° Cette place deviendra dès lors incompatible avec toute participation à l'enseignement préparatoire ;

4° Chacun de ces fonctionnaires sera d'abord institué, dans les formes ordinaires, seulement pour trois ans, sous le titre d'*examinateur provisoire* ; l'inamovibilité lui sera ensuite directement conférée par le Ministre, si cette épreuve lui a été suffisamment favorable ;

5° Afin de prévenir toute abusive prolongation de cet office au-delà de l'âge d'aptitude, ces examinateurs *pourront* être appelés à la retraite quand ils auront accompli leur soixantième année.

Jusqu'ici, Monsieur le Ministre, dans la sommaire appréciation qui précède, j'ai discuté la mesure proposée, le 19 mai dernier, au Conseil d'instruction de l'École polytechnique, comme si cette systématique mutation annuelle des examinateurs avait été imaginée pour améliorer un important service public. Mais je dois maintenant avoir le courage de vous signaler, à cet égard, la vérité tout entière, quelques nouveaux dangers qu'elle puisse indirectement m'attirer, en vous apprenant que ce projet n'a été réellement conçu qu'afin de satisfaire d'indignes passions privées, dont l'indication vous montrera combien divers membres de cette corporation peuvent abuser d'un droit annuel qui leur a été certainement accordé à toute autre fin. Forcé, pour cela, d'exposer quelques faits personnels, je m'efforcerai de les réduire à ce qui est strictement indispensable.

Dans le sixième et dernier volume, publié en 1842, d'un ouvrage sur la philosophie des sciences, j'ai été conduit à blâmer, comme philosophe, l'esprit et la tendance que manifestent de plus en plus nos corps savants quant à l'exercice du pouvoir que la généreuse confiance du gouvernement français leur a graduellement conférée, envers les principales nominations scientifiques, qui jusqu'alors émanaient exclusivement de lui. Contrairement aux préjugés actuels, j'ai osé regretter que l'administration se fût ainsi dépouillée d'un droit que le véritable intérêt public aurait dû l'empêcher de confier, avant le temps, à une classe où l'esprit d'ensemble et le sentiment du devoir sont jusqu'ici trop peu développés pour qu'elle se trouve réellement digne d'aucun pouvoir direct, sur les personnes encore moins que sur les choses. Enfin, j'ai cru devoir aussi spécifier davantage cette appréciation générale, en déplorant expressément la funeste influence qu'exerce, depuis longtemps, à l'École polytechnique, M. Arago.

Cet illustre personnage a exercé contre moi, à cette occasion, un acte inouï d'oppression littéraire, en se tenant à couvert de toute poursuite légale derrière mon libraire, malheureusement placé sous sa dépendance, et qui lui servit alors d'agent passif. Ainsi forcé de ne demander justice que contre cet instrument subalterne, j'ai obtenu du Tribunal de commerce de Paris, par un arrêt rendu le 29 décembre 1842, la pleine réparation que j'avais dû réclamer, dans l'intérêt commun de tous les auteurs indépendants. Quelques jours avant les débats publics de cette grave affaire, que j'ai personnellement soutenue, j'ai été directement menacé, si je me permettais d'y nommer M. Arago, de perdre ma position à l'École polytechnique, surtout quant aux fonctions d'examinateur, au sujet desquelles on se faisait fort, si j'osais parler, d'empêcher ma prochaine réélection annuelle. Je n'ai tenu aucun compte de ces coupables menaces, me bornant à les dévoiler au Tribunal et au public dans l'audience du 15 décembre 1842, où je discutai la cause. Au temps ordinaire de la réélection, M. Liouville, principal appui de l'animosité de M. Arago contre moi dans le Conseil polytechnique, usa, en effet, de toute son influence pour déterminer cette corporation à m'ôter, à l'âge de quarante-cinq ans, après six années d'un honorable exercice, des fonctions que ma pauvreté personnelle me rend immédiatement indispensables. Cette réélection, qui, pendant toutes les années antérieures, n'avait donné lieu qu'à une sorte de formalité, accomplie en quelques minutes, a suscité ainsi, en 1843, sans qu'on pût rien reprocher à mon service, trois semaines de débats animés, qui ont exigé trois longues et orageuses séances de cette Assemblée. Forcé enfin de céder à l'impartiale majorité du Conseil, M. Liouville s'est alors avisé, dans la séance définitive du 19 mai dernier, de proposer, avant le vote qui me concernait, ce projet de rénovation annuelle des examinateurs, que j'ai ci-dessus discuté, et qui n'avait été nullement indiqué tant que mes ennemis avaient conservé quelque espoir de m'écarter directement. Tout porte à croire, j'ose le dire, que si M. Liouville parvenait ainsi à m'éliminer en 1844, et à me substituer l'une de ses créatures, il trouverait alors d'excellentes raisons pour revenir à l'état actuel, et même pour demander, en faveur du nouveau fonctionnaire, une permanence que je sais qu'il préfère en principe.

Quoi qu'il en soit, je ne crains pas d'affirmer que l'étrange projet dont j'ai ci-dessus indiqué les vices essentiels n'a été réellement destiné par son auteur qu'à détruire ma position, bien que d'autres membres aient pu ensuite en être consciencieusement séduits.

Dans la situation que je viens de décrire, il ne me restait, Monsieur le Ministre, qu'à recourir, comme je le fais aujourd'hui, à votre haute protection, naturellement acquise à tout fonctionnaire qui, sans mériter aucun reproche, se trouve en butte à de puissantes animosités. Si l'inamovibilité que je demande vous semble, ainsi qu'à moi, réellement conforme à l'intérêt public, l'exposition précédente constitue un puissant motif d'en hâter l'institution, afin de me soustraire aux injustes tentatives qui vont recommencer contre moi lors de la prochaine réélection, ordinairement opérée en avril. Au cas contraire, je dois vous supplier de vouloir bien recommander que ma démarche soit tenue aussi secrète que possible ; car elle est, évidemment, de nature à augmenter beaucoup les animosités dont je suis l'objet, et peutêtre même à les propager, par un entraînement trop commun aux corporations, chez quelques-uns de ceux qui jusqu'ici m'ont défendu. Toutefois, si vous croyiez devoir assujettir l'ensemble de cette affaire à une vraie discussion officielle, je me sens tout prêt, quelle que doive être votre décision finale, à soutenir directement, contre des adversaires quelconques, l'exactitude de toutes les assertions exposées dans cette lettre, en y ajoutant d'ailleurs tous les éclaircissements convenables. Du reste, l'énergique mesure que vous avez récemment introduite pour tempérer l'autorité exagérée du Conseil polytechnique me donne lieu d'espérer un favorable accueil, en témoignant que vos yeux sont déjà ouverts, en général, sur les abus propres à ces compagnies trop accréditées, où les passions et les préjugés des diverses coteries scientifiques exercent aujourd'hui tant d'empire.

N'ayant pas l'honneur, Monsieur le Ministre, d'être personnellement connu de vous, je dois vous prier de vouloir bien, avant tout, prendre, à mon égard, des renseignements décisifs. Spécialement attaché, depuis douze ans, au service de l'École polytechnique, j'y ai été successivement placé sous trois chefs, d'abord M. le général Tholosé, ensuite M. le général Vaillant, et aujourd'hui M. le général Boilleau, conjointement avec les commandants en second, M. le colonel Espéronnier et M. le colonel Guillemain. J'ose compter sur une favorable appréciation personnelle de la part de tous ces fonctionnaires, qui pourront aussi suppléer envers moi, à d'autres égards, au témoignage, désormais impossible, des deux directeurs des études correspondantes (feu MM. Dulong et Coriolis), dont ils pourront rapporter les jugements à mon sujet.

Daignez agréer, Monsieur le Ministre, le respectueux hommage de

Votre dévoué serviteur,

A^{te} COMTE.

A Monsieur le Maréchal Duc DE DALMATIE,
Ministre de la Guerre.

Paris, le jeudi 30 mai 1844.
(Remise le 1er juin).

Monsieur le Ministre,

Ma lettre du 30 janvier dernier, que vous avez daigné me promettre d'examiner avec soin, et que je vous prie aujourd'hui de vous faire d'abord représenter, vous a suffisamment expliqué la nature et la source de l'odieuse persécution que M. Liouville m'a suscitée, au sein du Conseil d'instruction de l'École polytechnique, pour satisfaire l'infatigable inimitié que M. Arago m'a vouée. Vous savez que cette lettre était surtout destinée à réclamer l'intervention tutélaire de l'administration contre l'imminent retour périodique des obstacles illégitimes qu'avait ainsi éprouvée, l'an dernier, ma réélection habituelle comme examinateur d'admission. Aucune mesure spéciale n'ayant encore été prise, mes ennemis sont parvenus à consommer, cette année, la spoliation qu'ils avaient alors vainement tentée. Malgré le zèle soutenu et unanime des trois véritables chefs de l'École polytechnique (les deux commandants et le directeur des études), qui ont défendu mes justes droits avec autant d'énergie que tous leurs divers prédécesseurs depuis douze ans que je sers à l'École, la majorité du Conseil d'instruction vient de voter, le lundi 27 mai, une liste de présentation où je ne figure nullement, sans qu'on m'ait d'ailleurs rien reproché sur les fonctions que j'ai remplies pendant les sept années précédentes. Par là se trouve réalisée la haineuse déclaration de M. Arago, qui, dès l'origine de ce conflit, avait annoncé la résolution de me poursuivre sans relâche jusqu'à ce que ma position fût détruite. Quand j'acceptai ces fonctions, en 1837, je dus renoncer, dans l'intérêt d'un tel service, à la majeure partie des moyens d'existence que je tirais alors de l'enseignement mathématique, et qui ne peuvent aujourd'hui m'être subitement rendus : en sorte que, si votre haute intervention n'empêchait pas l'accomplissement de cette inique spoliation, mon défaut total de fortune personnelle m'obligerait désormais, sans jamais avoir aucunement démérité, à recommencer laborieusement, à l'âge de quarante-six ans, la carrière incertaine d'un jeune homme.

J'ai déjà discuté, en elle-même, dans ma lettre du 30 janvier, la forme systématique que mes ennemis ont voulu donner à une persécution purement personnelle, par un prétendu projet d'essayer dorénavant chaque année un nouvel examinateur; j'ai facilement démontré combien il serait funeste à cet important service. Mais, quand même on supposerait loyale cette étrange proposition, il est d'abord évident que le Conseil n'aurait pas le droit d'empiéter ainsi sur les attributions ministérielles, en altérant aussi radicalement le sens unanimement attaché à la règle existante pendant les six années consécutives de son application effective : car, en livrant dès lors cet office à un fonctionnaire toujours novice, on introduirait par là, à votre insu, un changement réellement plus grave, pour le public, que quand l'ordonnance de 1832 rendit temporaire un poste jusqu'alors permanent. Si, en outre, le Conseil se croyait vraiment autorisé à une telle mesure, il ne pouvait du moins l'introduire sans une grave discussion spéciale sur ce principe, considéré isolément de toute individualité actuelle : or, j'ose affirmer que cet examen préalable n'a jamais eu lieu. Enfin, en admettant une telle innovation, une juste coutume invariable devait interdire de lui attribuer aucun effet rétroactif : il eût donc fallu en ajourner l'application jusqu'à la première personne nouvelle qui serait ultérieurement appelée à ces fonctions : c'est ainsi que, en les rendant temporaires, l'ordonnance de 1832 respecta exceptionnellement le caractère permanent qu'elles avaient auparavant chez les titulaires actuels. Ces trois motifs confirment évidemment le jugement que j'ai porté de ce projet, dans ma lettre du 30 janvier, en le montrant comme uniquement destiné, par son auteur, à détruire aujourd'hui ma position personnelle, qu'on reconnaissait ne pouvoir attaquer loyalement.

D'après l'ensemble des faits qui me sont connus, *je n'hésite donc pas*, Monsieur le Ministre, *à accuser auprès de vous la majorité du Conseil d'Instruction de l'École polytechnique d'avoir moralement prévariqué, dans sa séance du 27 mai, en abusant d'un droit de réélection annuelle pour satisfaire des inimitiés privées, entièrement étrangères à mon service public ; et je m'engage à prouver que cet acte n'a fait que réaliser, sous l'impulsion de M. Liouville, les coupables menaces de M. Arago à mon égard, mentionnées dans ma lettre du 30 janvier.* Je demande, en conséquence, que vous veuillez bien ordonner immédiatement, sur tout ce qui concerne ma réélection de 1843 et ma non-réélection de 1844, une *enquête officielle*, jusqu'à l'issue de laquelle vous suspendriez toute décision quelconque quant à la nouvelle présentation qui vient de vous être soumise.

Si, comme j'en ai la ferme conviction, cette enquête démontre la justice de mon accusation, je réclame de votre sage fermeté la suppression actuelle d'une attribution dont ce corps serait ainsi reconnu avoir indignement abusé. La conduite ultérieure du Conseil polytechnique, suffisamment redressé peut-être par cette énergique mesure, déciderait d'ailleurs s'il faut étendre aussi une pareille garantie à toutes les nominations temporaires, et même enfin à celles qui sont permanentes. Il importerait beaucoup sans doute, à tous les vrais intérêts publics, que l'administration ressaisît pleinement aujourd'hui des attributions qu'elle a trop généreusement abandonnées à des corporations spéciales, où, sous le vain prétexte d'une compétence qui n'est le plus souvent qu'apparente, surgissent journellement, sans aucune indépendance réelle, des décisions arbitraires, soustraites à toute responsabilité effective, et presque toujours déterminées par les passions ou les préjugés des diverses coteries dominantes. Mais, quelque salutaire que fût déjà un tel retour aux véritables principes administratifs, il convient mieux peut-être de ne l'opérer que graduellement, à mesure que les vices du mode actuel deviendront irrécusables pour tous les observateurs impartiaux. C'est pourquoi, Monsieur le Ministre, je me borne aujourd'hui à vous proposer de *reprendre, par une ordonnance spéciale, la libre nomination directe, comme avant 1832, aux fonctions d'examinateur d'admission à l'École polytechnique,* soit que vous rétablissiez aussi la permanence antérieure de cet office, suivant le mode indiqué dans ma lettre du 30 janvier, soit que vous croyiez devoir persister à le laisser assujetti à une nomination annuelle, dès lors exclusivement émanée de l'administration, dont la justice m'inspirerait une pleine sécurité, tant que je satisferais dignement aux conditions, à la fois morales et intellectuelles, qu'exigent de telles fonctions. Quelque grave que soit ce changement, il reste encore assez de temps pour le réaliser, dès cette année, en me rendant convenablement l'office qui vient de m'être indignement ravi, sans ajourner aucunement l'ouverture habituelle du concours.

Cette mesure ne constitue, au fond, Monsieur le Ministre, qu'une suite indispensable de la sage ordonnance introduite, en novembre dernier, pour modifier le mode antérieur des diverses nominations polytechniques : ce ne serait, du moins, qu'un second pas dans la même voie. En effet, l'acte dont je suis aujourd'hui victime prouve clairement que, vu la faible moralité de ces corporations, l'obligation d'une triple candidature n'y suffit pas pour protéger les fonctionnaires amovibles contre les inimitiés des coteries régnantes, conformément à l'une des deux destinations essentielles de cette heureuse innovation : quant à son autre but, consistant à empêcher l'avènement forcé de prétendants peu convenables, il ne serait guère plus difficile à ces compagnies de l'éluder aussi, par une formalité illusoire, en accolant deux candidats évidemment impropres à celui qu'on voudrait vous imposer. Sous chaque aspect, il n'y a de vraiment efficace que le retrait d'une attribution dont l'expérience a montré que ces corps ne sont pas encore dignes.

Outre mes justes droits personnels, l'intérêt évident d'un important service public me force donc d'insister sur une telle demande. Car, en laissant consommer sans obstacle l'iniquité tramée contre moi, l'administration annulerait inévitablement tous les honorables efforts qu'elle a déjà tentés pour soustraire l'École polytechnique à la domination des coteries scientifiques : elle livrerait ainsi de nouveau ce grand établissement à la désastreuse omnipotence secrète de M. Arago, en sacrifiant un fonctionnaire auquel on n'a jamais pu reprocher que de s'être attiré l'implacable inimitié de ce puissant personnage par une énergique protestation philosophique contre la déplorable influence que lui procure la dangereuse autorité administrative cédée aujourd'hui aux corps savants. Sous le poids direct d'un tel exemple, quelle indépendance réelle pourrait développer mon successeur quelconque envers les impérieuses sollicitations de plusieurs de ceux qui régleront son sort annuel ? Doit-on d'ailleurs attendre aujourd'hui une énergique moralité, première condition d'un tel office, d'un examinateur qui, par ce mode même d'avènement, se serait montré essentiellement dépourvu de toute vraie délicatesse, en sollicitant activement, ou du moins en acceptant sciemment une succession évidemment résultée d'une odieuse spoliation, à laquelle il aurait ainsi nécessairement concouru ? Quelle confiance une pareille introduction peut-elle inspirer aux familles dans la scrupuleuse justice des choix, et quel respect peut-elle faire naître chez une jeunesse déjà si disposée à l'insubordination ?

J'ose dire enfin, Monsieur le Ministre, que l'équité ne vous permet pas de me refuser l'enquête solennelle que je demande, puisque mon honneur personnel s'y trouve inévitablement intéressé. La masse impartiale du public, même éclairé, trop étrangère aux indignes manœuvres de nos coteries scientifiques, devra spontanément supposer, à moins d'une pleine conviction spéciale, que ma non-réélection actuelle, après sept années d'exercice continu, a été déterminée par quelque grave infraction, soit intellectuelle, soit surtout morale, aux devoirs réguliers de mon office. Je dois d'autant plus le craindre que mes puissants ennemis ont déjà témoigné, par quelques tentatives irrécusables, combien leur moralité peu scrupuleuse les disposerait aisément à s'efforcer sourdement de voiler, sous de lâches calomnies, l'infâme iniquité qu'ils viennent de consommer. C'est pourquoi, Monsieur le Ministre, je ne me lasserai pas de réclamer,

de votre haute justice, une enquête vraiment décisive, après laquelle même un pareil motif m'obligerait,
si je n'obtenais pas une véritable réparation, à employer successivement, avec toute l'énergie convenable, tous les divers autres moyens honorables de
constater pleinement, aux yeux de tous les hommes
honnêtes et sensés, que ma chute actuelle est uniquement due à de coupables animosités privées, malgré
l'accomplissement toujours loyal de mon office public.
Personne, sans doute, ne saurait me refuser justement une telle satisfaction.

Daignez agréer, Monsieur le Ministre, le respectueux hommage de

Votre dévoué serviteur,

A^{te} COMTE.

Examinateur pour l'École polytechnique.

(10, rue Monsieur-le-Prince,
près l'Odéon).

A Monsieur le Général ROSTOLAN,
Commandant de l'École polytechnique.

Lundi 18 novembre 1844.

Général,

Afin de vous mieux expliquer ma situation momen- tanément exceptionnelle, qui bientôt sera officielle- ment soumise à votre décision, je crois devoir, avant de venir vous présenter mes hommages, vous prier de vouloir bien lire en entier les copies ci-jointes des deux lettres que j'ai remises à M. le Ministre de la Guerre, les 30 janvier et 1er juin derniers, l'une pour prévenir, l'autre pour réparer une grave injustice. Vous y apprendrez comment, après avoir honorablement exercé, pendant sept années consécutives, mes fonc- tions d'examinateur d'admission à l'École polytech- nique, j'ai été, dans la dernière réélection annuelle, écarté de la liste de présentation, par la majorité du Conseil d'instruction, sans aucun autre motif réel que les odieux efforts d'une puissante coterie scienti- fique pour réaliser envers moi de coupables menaces de M. Arago. En lisant ensuite la lettre officielle finalement écrite à votre prédécesseur, le 15 juillet dernier, par M. le Ministre de la Guerre, vous y re- connaîtrez que M. le Ministre, après avoir pris une exacte connaissance de toute cette affaire, m'a haute- ment accordé, contre une telle oppression, tout l'appui compatible avec la légalité existante, en blâmant énergiquement cette injuste exclusion, et en refusant expressément de la sanctionner ; en sorte qu'aucun examinateur n'a été nommé à ma place, M. le Ministre s'étant alors borné à charger provisoirement l'un des suppléants du service de 1844. Il y a d'ailleurs tout lieu de présumer que la considération d'une aussi évidente iniquité n'a pas été sans influence sur la sage résolution que vient de prendre le Gouvernement d'ôter enfin au Conseil d'instruction les diverses nominations dont il était naguère investi, pour les transférer à une assemblée beaucoup moins accessible aux coteries scientifiques. C'est du Conseil de perfectionnement que j'attends maintenant la juste consolidation d'une position que je n'ai jamais mérité de perdre, suivant l'opinion décisive manifestée par M. le Ministre de la Guerre. La nature et la composition de ce Conseil doivent m'empêcher de concevoir, à ce sujet, aucune inquiétude.

Depuis douze ans que je suis attaché à l'École polytechnique, j'ai eu le bonheur d'obtenir constamment l'estime et la bienveillance de tous les chefs qui s'y sont succédé, d'abord M. le général Tholosé, ensuite M. le général Vaillant, et en dernier lieu M. le général Boilleau. Leur active justice m'y a toujours offert une précieuse compensation de la haine infatigable de nos principales coteries scientifiques, spontanément liguées contre moi, soit en vertu de profondes dissidences spéculatives, soit surtout d'après l'inévitable opposition de mes principes à leurs manœuvres habituelles. J'ose espérer, Général, que, quand j'aurai l'honneur d'être suffisamment connu de vous, j'obtiendrai aussi, de votre part, la prolongation d'un tel appui. C'est surtout pour en hâter l'instant que j'ai cru devoir aujourd'hui, par cette communication confidentielle, soumettre directement à votre appréciation l'ensemble actuel de ma position polytechnique. Lorsque vous en aurez pris connaissance, je vous prie de vouloir bien m'assigner, à votre convenance, une entrevue spéciale, où, après avoir eu l'honneur de vous offrir mes respects, je puisse vous exposer une demande naturellement résultée d'une telle explication.

Veuillez agréer, Général, le respectueux hommage de

Votre dévoué serviteur,

A^{te} COMTE,

Répétiteur d'analyse
et examinateur d'admission
à l'École polytechnique.
(*10, rue Monsieur-le-Prince*).

Mes occupations obligées me permettent maintenant de me rendre à votre invitation, *à partir de onze heures*, tous les jours indistinctement.

A Monsieur le Général ROSTOLAN, Commandant de l'École polytechnique, en sa qualité de Président du Conseil de perfectionnement de cette École.

Paris, le lundi 25 novembre 1844.

Monsieur le Président,

La position exceptionnelle où je me trouve aujourd'hui pour ma huitième réélection annuelle me détermine à vous prier de vouloir bien communiquer au Conseil de perfectionnement cette courte lettre, destinée à caractériser sommairement une situation que peut-être plusieurs membres ne connaissent pas assez.

Nommé, en 1837, examinateur d'admission à l'École polytechnique, j'ose dire que, pendant sept années consécutives, j'en ai toujours honorablement rempli les fonctions, suivant le constant témoignage de tous mes chefs, comme l'a hautement reconnu, en dernier lieu, M. le Ministre de la Guerre. Malgré ces précédents, lors de la dernière réélection, la majorité du Conseil d'instruction m'a écarté de la liste de présentation. Toutefois, M. le Ministre de la Guerre, après avoir pris une exacte connaissance de toute cette affaire, n'a pas sanctionné cette exclusion, et a expressément refusé, par une lettre officielle du 15 juillet dernier, de pourvoir à mon remplacement, en se bornant alors à confier provisoirement le service de 1844 à l'un des suppléants accoutumés.

Un tel conflit me conduit aujourd'hui à demander spécialement au Conseil de perfectionnement la juste consolidation implicite d'une position depuis longtemps acquise, et que je n'ai jamais mérité de perdre. La sagesse et l'équité de cette assemblée me garantissent que la nomination annuelle des examinateurs d'admission y restera toujours conforme au véritable esprit de cette règle, destinée seulement à fournir un moyen normal d'écarter aussitôt un fonctionnaire qui aurait vraiment cessé de remplir suffisamment les diverses conditions, intellectuelles et morales, indispensables à cet office. Sauf ce cas extrême, la sécurité et l'indépendance qu'exige habituellement un poste aussi difficile qu'important seront sans doute constamment respectées d'un Conseil où domine spontanément le sentiment familier des vraies garanties administratives. Malgré cette faculté permanente, dont j'espère ne mériter jamais l'application, le vote que je sollicite aujourd'hui, dissipant une perturbation passagère, me semble donc devoir rendre désormais ma charge d'examinateur aussi peu précaire que l'est celle de répétiteur, également assujettie à l'annualité.

Veuillez agréer, Monsieur le Président, le respectueux hommage de

Votre dévoué serviteur,

A^{te} COMTE.

*A Monsieur le Maréchal Duc DE DALMATIE,
Ministre de la Guerre.*

Paris, le jeudi 19 décembre 1844.

Monsieur le Ministre,

Le Conseil de perfectionnement de l'École poly-technique s'étant formellement associé, lundi 16 décembre, à la tentative d'exclusion commencée envers moi, le 27 mai dernier, par le Conseil d'instruction, votre justice protectrice me semble maintenant forcée de recourir à la mesure décisive proposée dans ma lettre du 30 mai, en supprimant désormais tout droit de présentation aux fonctions d'examinateur d'admission, dès lors directement conférées par le Ministre seul. Les efforts consciencieux des deux commandants de l'École et du Directeur des études ont été néanmoins activement secondés par le digne général Vaillant, et par plusieurs autres membres fort honorables : ils ont été spécialement appuyés de l'imposant suffrage du plus éminent des géo-mètres actuels (M. Poinsot), qui seul, dans cette assemblée, possède une véritable expérience person-nelle des examens d'admission. Mais tout cela n'a pu suffire pour contenir, chez le nouveau Conseil, la tendance naturelle qui entraîne, surtout aujour-d'hui, de tels corps à devenir solidaires les uns des autres contre l'autorité centrale. Ce dernier vote, imprévu pour tout le monde, et même pour mes

infatigables ennemis, se trouve d'autant plus caractéristique qu'il est en opposition notoire avec la
haute réprobation que vous aviez officiellement
manifestée au sujet de la première tentative, quand
vous avez expressément refusé, par votre lettre du
15 juillet, de pourvoir à mon remplacement. L'esprit de désordre, qui, de nos jours, a plus ou moins
pénétré partout, semble même avoir disposé certains
membres, qui comprennent étrangement l'indépendance, à seconder systématiquement, sans aucune
passion personnelle, la marche de mes ennemis, pour
ne pas paraître céder, en me défendant, à cette légitime appréciation ministérielle.

Il ne s'agit donc pas seulement ici d'empêcher
un fonctionnaire irréprochable de perdre, à la majorité d'une seule voix, sans jamais avoir été entendu,
une position justement acquise par sept années consécutives d'un exercice toujours loyal et honorable ;
tandis que l'exclusion, même notoirement méritée,
d'un simple élève, ne peut être légalement proposée
que par une majorité des deux tiers au moins, et après
sa libre défense personnelle ! Sous un aspect plus
étendu et plus important, il s'agit surtout, en s'op-
posant à cette injustice particulière, de préserver le
nouveau régime polytechnique de l'atteinte profonde
dont le menace évidemment un vote par lequel le
nouveau Conseil dirigeant confirme volontairement,
contre votre jugement formel, l'acte le plus inique
de l'ancienne domination, malgré le blâme spontanément manifesté, à ce sujet, par tous les hommes
honorables, pendant les six mois d'intervalle.

Tous les esprits sages et vraiment indépendants, qui s'intéressent à l'École polytechnique, ont applaudi à la salutaire intention qui a inspiré l'ordonnance de réorganisation, évidemment destinée à soustraire ce précieux établissement au funeste ascendant des coteries scientifiques. En m'associant, avec une reconnaissance spéciale, à ce juste hommage, j'ai toutefois regretté que le Gouvernement eût encore trop cédé aux préjugés actuels, en accordant trop d'autorité, du moins quant aux personnes, à la nouvelle corporation dirigeante, quoiqu'elle soit mieux constituée que l'ancienne. Cette supériorité résulte essentiellement d'un heureux mélange caractéristique des fonctionnaires pratiques aux membres purement scientifiques. Mais quoique ces deux éléments aient été rendus égaux en nombre officiel, ils ne peuvent l'être réellement en influence polytechnique, et la balance doit habituellement pencher pour celui qui tend à l'extension indéfinie de la puissance scientifique contre celui qui se trouve naturellement disposé à respecter la juste prépondérance de l'autorité centrale. Ce danger est d'autant plus à craindre que la partie pratique du Conseil, déjà moins homogène et moins compacte que la partie théorique, manque, en général, de confiance dans sa propre sagesse, et partage trop souvent elle-même les préjugés qui règnent aujourd'hui sur la compétence exclusive des savants en matière d'administration scientifique. D'ailleurs aucune précaution générale n'a été instituée pour assurer la présence effective de cette partie essentielle de l'assemblée, naturellement moins disposée que l'autre à une telle assiduité ; en sorte qu'une délibération pourrait être même égale sans qu'aucun délégué des services publics y eût participé : ce qui ferait aussitôt dégénérer le Conseil dirigeant en une assemblée purement scientifique, comme sous le régime antérieur.

D'après une telle appréciation, je ne crains pas d'assurer que la mesure ci-dessus proposée constitue le seul remède vraiment efficace au vice d'organisation signalé par l'injustice qui m'atteint de nouveau. Vous pouvez, sans doute, Monsieur le Ministre, employer d'abord, à ce sujet, envers le Conseil de perfectionnement, votre droit invariable d'exiger une nouvelle présentation, en prescrivant, si on persiste à m'en écarter, de formuler contre moi une accusation précise, comme vous l'avez fait, il y a six mois, avec le Conseil d'instruction. L'usage de ce droit est actuellement devenu d'autant plus convenable que ce nouveau vote d'exclusion se trouve expressément contraire à l'article 27 de l'ordonnance de réorganisation, qui réserve exclusivement au Ministre toute semblable révocation. Mais, quoique cette marche soit préalablement utile, ne fût-ce que pour mieux caractériser un aveugle acharnement, sa récente insuffisance envers le Conseil d'instruction ne permet guère d'espérer qu'elle suffise maintenant vis-à-vis du Conseil de perfectionnement. Quand même les délégués des services publics, avertis par la surprise de lundi dernier, sentiraient spécialement la nécessité de venir contrebalancer la funeste impulsion des coteries scientifiques, de manière à déterminer en ma faveur la seconde délibération, l'expérience et la réflexion concourraient encore à faire craindre, pour chacune des années suivantes, le retour d'un pareil danger, tant que le régime actuel ne sera pas suffisamment modifié. Car la persécution dont je suis l'objet n'est pas seulement due à d'actives inimitiés privées : elle se rapporte surtout à l'ensemble de mes principes philosophiques, qui m'ont conduit à blâmer systématiquement le vicieux esprit qui dirige aujourd'hui la culture des sciences, surtout mathématiques, et par suite à déplorer le désastreux pouvoir que la générosité irréfléchie du gouvernement français a accordé, de nos jours, à une classe qui n'en est pas encore digne, faute de vues assez générales et de sentiments assez élevés. Tel est l'inévitable conflit permanent qui, sous le régime actuel, compromettra toujours ma situation polytechnique, maintenant que le nouveau Conseil a, comme l'ancien, laissé une fois appliquer à des luttes personnelles, totalement étrangères à mon service public, un droit de réélection annuelle qui n'était légalement destiné qu'à fournir un moyen normal d'écarter aussitôt un fonctionnaire qui aurait vraiment cessé de remplir suffisamment les diverses conditions, intellectuelles et morales, indispensables à mon office d'examinateur.

En appréciant convenablement ces divers motifs, j'ose espérer, Monsieur le Ministre, que vous reconnaîtrez bientôt la nécessité de revenir enfin, dans cette grave occasion, aux vrais principes administratifs qui prescrivent de n'accorder à des corporations spéciales, surtout scientifiques, qu'une influence purement consultative, sans jamais leur attribuer aucun commandement effectif, vu leur défaut inévitable de toute vraie responsabilité personnelle, qui s'y perd confusément sous une vague responsabilité collective, presque toujours illusoire. Que l'autorité directrice demande à de tels corps des renseignements et des avis, en se défiant d'ailleurs des préjugés et des passions qui leur sont propres, mais qu'elle ne se lie nullement à leurs indications quelconques : alors elle utilisera pleinement, au profit habituel du service public, une influence qui, autrement employée, tend le plus souvent à le troubler. Déjà la nouvelle organisation polytechnique admet ce principe fondamental en tout ce qui concerne les choses où le Conseil n'a qu'une simple participation consultative, qui n'engage aucunement le Ministre. Pourquoi en serait-il autrement quant aux personnes, où l'influence des passions et des préjugés est bien plus difficile à éviter ?

Toutefois, Monsieur le Ministre, je sens que les ménagements provisoires dus à des tendances puissantes quoique vicieuses, permettent peu d'introduire aujourd'hui cette salutaire pratique dans toutes les nominations polytechniques. Mais, si votre prudente fermeté croit d'abord devoir en restreindre l'usage à un seul cas, d'irrécusables motifs expliqueront aisément à tous les bons esprits l'exception ainsi essayée au sujet des examinateurs d'admission. Car, cet office, comparé à tous les autres, est essentiellement extérieur à l'École polytechnique, et les conditions en sont encore plus morales que scientifiques, de façon à ne pouvoir être bien appréciées, dans leur ensemble, que par le Ministre. L'obligation constante où ce poste place nécessairement d'écarter les trois quarts environ des candidats examinés exige évidemment une haute indépendance spéciale, qui ne saurait se concilier assez avec l'assujettissement individuel du fonctionnaire aux votes irresponsables de diverses personnes souvent intéressées à d'injustes préférences. Enfin, la nature temporaire de cette charge constitue un nouveau motif d'en faire exclusivement dépendre la confirmation annuelle d'une haute autorité responsable, mieux dégagée qu'aucune autre des impulsions perturbatrices.

En vous signalant ces nouvelles considérations en faveur d'une mesure seule décisive à mes yeux, je crois devoir, Monsieur le Ministre, insister aussi sur l'enquête préalable que je demandais, le 30 mai, quant à l'ensemble de cette grave affaire. Cette enquête me semble devenue encore plus nécessaire aujourd'hui, pour constater que, malgré le changement de Conseil, l'exclusion prononcée contre moi n'est qu'une simple réalisation des coupables menaces de M. Arago, mentionnées dans ma lettre du 30 janvier dernier. Quoique ce célèbre personnage, et son principal agent, M. Liouville, soient maintenant étrangers au Conseil de perfectionnement, cette coterie y conserve indirectement une puissante influence, et s'y trouve d'ailleurs représentée directement par M. Mathieu, qui fut, il y a deux ans, l'un des organes réels de ces menaces.

Malgré que votre suprême conviction soit déjà formée, et même officiellement déclarée par votre lettre du 15 juillet, sur l'injustice dont je suis l'objet, l'enquête que je réclame ne sera pas inutile pour motiver, auprès du public impartial, l'énergique mesure que je sollicite. La sanction que vient d'accorder à cette iniquité un corps avec lequel je n'avais jamais eu le moindre conflit et qui devait sembler, même à mes yeux, disposé à l'équité envers moi, pourrait donner, sans cette discussion spéciale, une sorte de consistance aux insinuations calomnieuses que des ennemis peu scrupuleux destineront sans doute à pallier une telle spoliation. Cette crainte devient d'autant plus naturelle que l'on a affecté envers moi une certaine impartialité, en me maintenant comme répétiteur tandis qu'on m'écartait comme examinateur ; ce qui tend à persuader aux personnes mal informées que ma conduite n'est point aussi irréprochable pour l'un de ces offices que pour l'autre. Tous les esprits clairvoyants aperçoivent, sans doute, que cette apparente modération tient surtout au peu d'importance pécuniaire de la première charge, pendant que la seconde constitue mon principal moyen d'existence : si on parvenait à consommer ma ruine sous ce dernier aspect, on compléterait aisément, l'année suivante, l'arrêt destructeur prononcé par M. Arago. Mais beaucoup d'hommes estimables, dont l'opinion ne saurait m'être indifférente, pourraient ainsi se laisser prévenir aujourd'hui contre moi, faute de connaître assez la marche habituelle des intrigues scientifiques.

Déjà pénétré, Monsieur le Ministre, d'une inaltérable reconnaissance pour la juste fermeté, si rare de nos jours, que vous avez jusqu'ici développée en ma faveur, j'attends avec confiance l'intervention quelconque que votre haute sagesse croira maintenant la plus propre à empêcher la consommation d'une iniquité réprouvée d'avance par votre lettre officielle du 15 juillet dernier. Malgré le nouveau vote, le jugement favorable dont vous m'avez alors honoré me reste nécessairement applicable, puisque aucune accusation n'avait pu, à cette époque, être formulée contre moi, et que depuis je suis toujours demeuré dans un calme parfait, espérant sans impatience une prochaine et inévitable réparation. La prudence qui vous a conduit à faire cette fois accomplir une telle nomination dès le début de l'année scolaire, m'indique assez que vous vous êtes ainsi réservé d'utiliser les six mois qui restent encore jusqu'au concours de 1845 pour introduire avec maturité, dans cet important service public, les modifications propres à y garantir la stabilité et l'indépendance indispensables, quelque résolution que vous croyiez devoir finalement adopter sur ma proposition formelle de *reprendre désormais, d'une manière directe et exclusive, la libre nomination annuelle de tous les fonctionnaires temporaires de l'École polytechnique, et surtout des examinateurs d'admission, sauf à provoquer, à ce sujet, quand vous le jugerez utile, le simple avis préalable du Conseil de perfectionnement.*

Daignez agréer, Monsieur le Ministre, le respectueux hommage de

Votre dévoué serviteur,

A^{te} COMTE.

Répétiteur d'analyse
et Examinateur d'admission
à l'École polytechnique.
(10, rue Monsieur-le-Prince).

A Monsieur LAMÉ, Membre de l'Académie des sciences.

Samedi soir 16 août 1845.

Mon cher Lamé,

Je me suis présenté chez vous ce matin pour vous expliquer spécialement ma candidature actuelle à la Direction des études de l'École polytechnique, récemment vacante par la démission de notre ancien camarade Duhamel.

Ne croyez pas que je me fasse aucune illusion sur le succès d'une telle demande. D'après l'ensemble de la situation, je suis très persuadé que vous allez cette fois obtenir sans difficulté un poste dont je sais combien vous êtes digne. Mais, la règle actuelle obligeant le Conseil à présenter deux candidats, j'ai cru devoir me mettre loyalement sur les rangs par une lettre adressée à cette assemblée, quoique je ne croie pas devoir tenter, à cet égard, aucune sollicitation individuelle.

Cette candidature est d'abord destinée à signaler ouvertement mes prétentions ultérieures à un tel office, auquel vous, qui me connaissez depuis trente ans, pouvez, plus que personne, juger si je suis réellement propre, soit par ma nature intellectuelle et morale, soit aussi par le caractère essentiel de mes travaux. Outre cette franche indication générale, je regarde cette démarche comme pouvant, dès aujourd'hui, rappeler expressément que ma silencieuse résignation au sujet d'une récente iniquité n'annonce aucunement ma renonciation à tout avenir polytechnique. C'est, sous cet aspect, un mode énergique, quoique indirect, d'avertir que j'attends toujours avec confiance, sous les diverses formes qui peuvent successivement devenir convenables, la légitime réparation qu'une sorte de surprise légale a empêché le nouveau Conseil dirigeant de m'accorder jusqu'ici.

Tels sont les motifs naturels qui m'ont prescrit cette démarche, sans que j'en puisse raisonnablement espérer aucun succès immédiat. Je pense que cette loyale indication suffira pour prévenir, lors de votre prochain triomphe, toute fâcheuse altération de nos anciennes relations, par suite de cette faible concurrence involontaire.

Tout à vous,

A^{te} COMTE.

(10, *rue Monsieur-le-Prince*).

Votre absence actuelle de Paris me faisant craindre que cette importante explication ne vous parvienne pas exactement, je vous prie de me rassurer spécialement à cet égard.

A Monsieur le Général DE ROSTOLAN,
     Président du Conseil de perfectionnement
        de l'École polytechnique.

Paris, le lundi 18 août 1845.

Général,

Je vous prie de vouloir bien soumettre au Conseil de perfectionnement les sommaires explications qui suivent, sur ma candidature actuelle, pour l'office, aujourd'hui vacant, de Directeur des études de l'École polytechnique.

Admis à cette École en 1814, et atteint par le fatal licenciement de 1816, j'ai toujours pratiqué, depuis lors, l'enseignement mathématique, à la fois sous tous ses modes et dans tous ses degrés. Il y a treize ans que je suis attaché à l'instruction polytechnique, comme répétiteur d'analyse et de mécanique. Or, quelque secondaires que soient ces attributions, le récent exemple de M. Coriolis montre que, lorsqu'elles sont dignement exercées, elles n'empêchent pas de s'élever immédiatement au poste éminent que j'ose solliciter aujourd'hui. Mais, outre ce long service, je dois rappeler que j'ai honorablement rempli, durant sept années consécutives, les fonctions, plus importantes et plus difficiles, d'examinateur d'admission. Enfin, j'ai occupé, par intérim, à l'École, la chaire d'analyse et de mécanique, pendant les deux derniers mois de 1836, de manière à obtenir la pleine reconnaissance de mes élèves et l'entière approbation de mes chefs, entre autres de l'illustre Dulong, qui, dirigeant alors les études polytechniques, assista personnellement à toutes mes leçons.

Quant aux titres résultés de mes travaux propres, outre deux traités spécialement didactiques, je dois ici mentionner surtout ma *Philosophie positive*, où chacune des diverses sciences fondamentales, appréciée suivant son génie caractéristique, est envisagée dans ses relations nécessaires avec toutes les autres, en faisant toujours prévaloir la vraie destination sociale de leur ensemble total. Un tel point de vue habituel tend naturellement, plus qu'aucun autre, à développer la disposition d'esprit qui convient le mieux aux fonctions dont il s'agit, l'aptitude à généraliser et à coordonner les principales conceptions scientifiques.

L'École polytechnique n'est point essentiellement destinée à constituer une sorte de séminaire académique pour la culture de certaines théories spéciales. Elle doit surtout préparer à l'ensemble des différents services publics, qui réclament l'emploi journalier, non de formules rarement applicables, mais des grands résultats, et encore plus des saines habitudes logiques, que procure une judicieuse étude générale des diverses sciences positives. Or, la culture exclusive d'une spécialité scientifique, en conduisant trop souvent à méconnaître ou à négliger toutes les autres, doit mal disposer, sans doute, à faire convenablement prévaloir une telle direction habituelle dans un établissement trop livré jusqu'ici à l'ascendant académique. L'indispensable réforme par laquelle le gouvernement a désormais tempéré une vicieuse prépondérance des impulsions théoriques en associant habituellement la sagesse pratique à la suprême administration polytechnique, doit enfin permettre que, malgré de puissants préjugés, ces importantes considérations soient aujourd'hui mieux appréciées que sous le régime antérieur.

Veuillez, Général, agréer le respectueux hommage de

Votre dévoué serviteur,

A[te] COMTE.

*A Monsieur DE SALVANDY, Ministre
de l'Instruction publique.*

Paris, le mercredi 2 septembre 1846.

(Confidentielle).

Monsieur le Ministre,

Il y a quatorze ans, je proposai à M. Guizot, alors ministre de l'Instruction publique, de créer, en ma faveur, au Collège de France, une chaire d'*Histoire Générale des sciences positives*. Cette proposition fut d'abord très bien accueillie par M. Guizot, auquel j'eus l'honneur, sur sa demande, de remettre, sous la date du 28 octobre 1832, une note officielle, spécialement destinée à motiver cette nouvelle institution. Néanmoins, malgré le vœu personnel du Ministre, ce projet fut bientôt rejeté, ou du moins indéfiniment ajourné, d'après l'opposition du Conseil qui a si longtemps exercé, dans ce Ministère, une désastreuse prépondérance. Tant que cet obstacle a prévalu, j'ai dû m'abstenir, à cet égard, de toute vaine tentative. Mais l'espoir d'une meilleure issue m'est enfin rendu par la sage énergie qui vient d'écarter l'oppressive tutelle imposée à vos prédécesseurs. En reproduisant aujourd'hui ma proposition primitive, je dois ainsi compter qu'aucune influence irresponsable ne troublera, sur ce sujet, la délibération personnelle d'un ministre heureusement étranger aux préjugés et aux passions des divers corps enseignants.

La note ci-dessus indiquée, et qui a dû rester dans les papiers du Ministère, caractérise assez les principaux motifs d'une telle création, dont l'importance et l'opportunité devaient d'ailleurs, depuis cette époque, augmenter spontanément. Ce nouvel enseignement est de nature à combler désormais la grave lacune générale que présentent à la fois le système des études scientifiques et celui des études historiques. Aucune science ne peut être conçue d'une manière pleinement rationnelle sans la filiation historique de ses principaux progrès, qui seule rend irrécusables ses liens nécessaires avec celles dont elle est précédée ou suivie dans l'ordre naturel de notre évolution mentale. De même, l'histoire ne peut réellement s'élever à aucune saine conception générale du développement humain, si elle n'accorde toujours une attention capitale à la marche effective des diverses théories positives, qui ont tant influé, surtout chez les modernes, sur notre régime intellectuel. Sous ce double aspect, la chaire proposée constitue donc le complément indispensable de la haute instruction propre au Collège de France. Depuis ma proposition initiale, j'ai publié un *Cours de philosophie positive* qui dissipe naturellement la seule objection essentielle que doive encore susciter l'étendue et la diversité des connaissances embrassées dans un tel enseignement. Sans cette entière généralité habituelle, la nouvelle chaire ne pourrait offrir un suffisant intérêt philosophique, et dégénérerait bientôt en une suite stérile d'études biographiques ou bibliographiques, peu dignes aujourd'hui d'encouragements spéciaux. Car, la principale appréciation historique de chaque science fondamentale consiste à bien saisir comment elle succède à la science précédente et prépare la suivante. A la vérité, cette plénitude de vues scientifiques semble d'abord impossible en un temps où l'esprit d'ensemble est partout étouffé sous l'exorbitant essor de l'esprit de détail. Mais le traité ci-dessus mentionné écarte directement cette immense difficulté, en ouvrant la voie qui tend à dégager convenablement la raison moderne du régime de la spécialité empirique. Les six volumes dont il est composé ramènent les diverses sciences essentielles à une même hiérarchie naturelle, qui nous permet de monter familièrement, suivant des degrés presque insensibles, depuis les plus simples conceptions mathématiques jusqu'aux plus hautes spéculations sur l'homme. Cette connexité fondamentale, autant historique que dogmatique, admise aujourd'hui, dans tout l'Occident, par les penseurs les plus avancés, malgré leurs profondes dissidences philosophiques, constate désormais la pleine opportunité de l'enseignement, jusqu'alors impossible, qui exposerait l'histoire générale des diverses théories positives, enfin assujetties à une véritable unité, à la fois scientifique et logique.

En attachant ainsi votre nom à une éminente fondation philosophique, dont l'initiative semble naturellement réservée à notre France, vous accompliriez d'ailleurs, Monsieur le Ministre, la digne compensation d'une grave iniquité commise envers moi, et au sujet de laquelle l'autorité compétente a hautement déploré son impuissance légale. Après sept années consécutives d'un irréprochable exercice, mes fonctions d'examinateur d'admission à l'École polytechnique m'ont été injustement enlevées, en 1844, par suite des coupables menées d'un puissant despote scientifique (M. Arago). M. le Maréchal duc de Dalmatie, alors Ministre de la guerre, après avoir profondément examiné cette affaire, a vainement épuisé, en ma faveur, l'insuffisante légalité qui neutralise trop souvent une légitime prépondérance ministérielle sous l'aveugle ascendant des coteries académiques. Ce cas est aussi très bien connu de M. le Ministre actuel, qui s'en occupa naturellement comme directeur du personnel. Tous deux pourront ainsi vous signaler mes droits spéciaux à la juste sollicitude du gouvernement.

Si l'ensemble des motifs indiqués dans cette lettre vous dispose, Monsieur le Ministre, à juger digne d'un mûr examen l'importante proposition que j'ai l'honneur de vous soumettre, je me rendrais avec empressement à l'entrevue exceptionnelle que vous voudriez bien m'assigner pour développer davantage un projet aussi propre à caractériser dignement la tendance finale de notre temps vers une indispensable harmonie entre l'esprit de conservation et l'esprit d'amélioration.

Daignez agréer, Monsieur le Ministre, les respectueux hommages de

Votre dévoué serviteur,

A^{te} COMTE,

Répétiteur d'analyse transcendante
et de mécanique rationnelle
à l'École polytechnique.

(10, rue Monsieur-le-Prince).

A Monsieur DE SALVANDY,
      Ministre de l'Instruction publique.

      Paris, le jeudi 4 mars 1847.

Monsieur le Ministre,

Le mercredi 2 septembre dernier, j'ai eu l'honneur de vous écrire sur la création, au Collège de France, d'une chaire d'*Histoire générale des sciences positives.* Quoique j'aie lieu de croire que cette lettre confidentielle vous est exactement parvenue, le défaut total de réponse me fait craindre enfin qu'il n'en soit autrement ; car l'importance de la proposition et la manière dont je l'avais motivée ne me permettent pas de penser qu'on ait pu déroger envers moi à à l'usage constant de répondre, d'une façon quelconque, à de semblables demandes. Après six mois d'attente silencieuse, je ne saurais être taxé d'aucune indiscrète impatience en vous priant, Monsieur le Ministre, de vouloir bien me déclarer :

1° Si vous avez, en effet, reçu cette proposition ;
2° Si déjà vous l'avez jugée digne d'examen, ou bien si vous croyez devoir prolonger l'ajournement indéfini dont elle fut l'objet, quand je la soumis officiellement, pour la première fois, à l'un de vos prédécesseurs (M. Guizot), par ma note du 28 octobre 1832.

Daignez agréer, Monsieur le Ministre, le respectueux hommage de

Votre dévoué serviteur,

AUGUSTE COMTE,

Répétiteur d'analyse transcendante
et de mécanique rationnelle
à l'École polytechnique,

Auteur du *Cours de Philosophie positive*.

(10, *rue Monsieur-le-Prince,*
près l'Odéon).

A Monsieur le Lieutenant-Général DE ROSTOLAN,
Commandant de l'École polytechnique.

Paris, le mardi 29 juin 1847.

Général,

Vous avez bien voulu attacher assez d'importance
aux observations verbales que j'ai eu l'honneur de
vous soumettre jeudi dernier 24, pour m'inviter à
les résumer dans une note spéciale, qui pût, au besoin, être communiquée au Conseil de perfectionnement. Je m'empresse de déférer à cette honorable
invitation, aussitôt après avoir terminé à l'École le
service extraordinaire qui m'a seul empêché d'y satisfaire immédiatement.

Les conférences explicatives prescrites, cette année,
aux répétiteurs, à l'approche des examens généraux

qu'ils font subir aux élèves, me semblent doublement contraires au bien du service polytechnique, soit par leur propre nature, soit par leur mode d'exécution. Elles tendent directement à augmenter le principal danger d'un régime didactique qui exerce beaucoup plus la mémoire que le jugement : chaque élève se trouve ainsi dispensé de toute énergique méditation à l'instant même où l'assimilation des études récemment achevées exigerait des efforts qui ne peuvent devenir efficaces qu'autant qu'ils sont spontanés. D'un autre côté, en autorisant les élèves à demander des explications quelconques à ceux-là même qui vont les questionner, on place ceux-ci dans une position évidemment contradictoire, avec laquelle le service habituel des répétiteurs n'offre aucune analogie réelle : c'est à peu près comme si les examinateurs d'admission ou de sortie se trouvaient assujettis à éclaircir d'avance les difficultés prévues par les candidats. Cette fausse position ne pourrait souvent être évitée qu'à l'aide d'un refus formel de réponse spéciale, comme j'ai dû le faire, en mars dernier, pour deux ou trois questions d'analyse dont j'aurais dû me priver si j'avais d'abord satisfait à certaines demandes indiscrètes : or, une telle fermeté, facile à ceux qui depuis longtemps ont fait leurs preuves, est rarement possible chez de jeunes répétiteurs qui craindraient ainsi de compromettre auprès des élèves leur réputation naissante.

En appréciant mieux le besoin qui a suscité cette vicieuse innovation, on y reconnaît l'instinct confus mais réel d'une nécessité très légitime, qui réclame une satisfaction plus rationnelle, par le rétablissement d'un précieux usage, longtemps pratiqué à l'École, et nullement abrogé dans le règlement actuel. On n'aurait pas désiré ces nouvelles conférences, si chaque cours était suivi, comme autrefois, des leçons de revision destinées à caractériser toutes les notions essentielles en faisant directement ressortir leur coordination finale. Par là, on va au secours de tous les élèves pour une élaboration générale qu'ils peuvent rarement accomplir seuls, et on laisse à chacun les détails spéciaux qui ne doivent jamais embarrasser quiconque a vraiment compris les principes.

A la vérité, les professeurs d'analyse et de mécanique se trouvent tellement surchargés aujourd'hui, que, à l'expiration de leur pénible tâche, ils ne peuvent guère exécuter convenablement ces leçons complémentaires, qui sont d'ailleurs les plus difficiles aussi bien que les plus importantes, en tant que directement relatives à l'esprit fondamental de la science. Mais on pourrait aisément les confier aux répétiteurs titulaires, dont le service annuel ne serait ainsi augmenté que de trois séances pour l'analyse et deux pour la mécanique.

Dans cette initiative personnelle, je ne crains aucun désaveu de mon estimable collègue de l'autre division, quoique je ne l'aie nullement consulté. Après la satisfaction d'être vraiment utile, ce surcroît de service me permettrait de constater envers tous ceux dont je ne suis pas assez connu, que mon opposition à l'innovation actuelle résulte seulement d'un vif sentiment des vrais intérêts des élèves qu'il faut savoir toujours préférer à leurs désirs passagers.

Si l'on rejetait cette importante mesure, ou si son

application laissait demander les conférences préalables, il serait facile d'organiser celles-ci de manière à écarter du moins leur plus sensible inconvénient, en évitant que chaque juge y fût jamais exposé à indiquer lui-même les réponses à ses prochaines questions. Il suffirait, par quelques précautions secondaires, d'empêcher chaque élève de demander des explications au fonctionnaire désigné pour l'examiner, en lui laissant le libre accès de deux autres juges simultanés.

Daignez, Général, agréer le respectueux hommage de

Votre dévoué serviteur,

AUGUSTE COMTE,

Répétiteur d'analyse et de mécanique
à l'École polytechnique.

P. S. — Je crois, Général, devoir saisir cette occasion de soumettre aussi à votre équitable sagesse, et, s'il y a lieu, à la décision du Conseil de perfectionnement, une réclamation plus personnelle, naturellement suggérée par une récente manifestation de M. le Directeur des études, qui semble disposé à se faire désormais, auprès des répétiteurs d'analyse et de mécanique, un mérite spécial de ne point les astreindre à assister aux leçons correspondantes d'après une interprétation trop absolue de l'article 189 du réglement. Nulle règle ne devant offrir de prescriptions inexécutables, ni même inexécutées, il convient, ce me semble, de fixer le vrai sens d'un article qui ne saurait imposer aucune corvée superflue.

Après quinze années d'un consciencieux service, je ne puis accepter à titre de grâce la dispense facultative d'une formalité très onéreuse, qui, sans la moindre utilité pour l'École, doublerait la perte de temps personnel inhérente à mon office, dont le modique traitement se trouverait ainsi notablement réduit. Les deux précédents directeurs des études ne m'ont jamais signalé une telle obligation, qui n'exista jadis, pour les cours d'analyse et de mécanique, qu'en un temps où le mode effectif de chaque enseignement ne pouvait autrement être assez connu du répétiteur tenu d'y conformer son système d'interrogation. L'usage des feuilles rédigées par le professeur a depuis longtemps écarté cet unique motif d'une pareille mesure, laquelle d'ailleurs ne s'appliqua jamais qu'aux seuls répétiteurs adjoints, dont le service constitue, pendant ses deux premières années, une sorte de stage polytechnique, qui semblait alors exiger une telle initiation.

A Monsieur **DE SALVANDY,**

Ministre de l'Instruction publique.

Paris, le jeudi 23 septembre 1847.

Monsieur le Ministre,

D'après la réponse que vous avez bien voulu faire hier à ma lettre du 4 mars dernier, j'apprends que vous n'avez pas reçu celle que j'eus l'honneur de vous écrire, le mercredi 2 septembre précédent, sur la création, au Collège de France, d'une chaire d'*Histoire générale des sciences positives*. Pour réparer cet accident, je m'empresse de vous adresser ci-dessous un *double* de cette pièce importante, d'après une copie littérale que j'avais d'abord eu soin d'en prendre. J'espère qu'elle pourra faciliter l'examen approfondi dont vous daignez juger digne cette grave proposition. Au besoin, je pourrais aussi reproduire, par le même moyen, ma note initiale du 28 octobre 1832, qui s'y trouve mentionnée, si l'original n'en existait plus dans les cartons de votre Ministère. Je serai toujours disposé d'ailleurs à vous fournir respectueusement toutes les explications, écrites ou verbales, que vous désireriez sur ce sujet.

Daignez agréer, Monsieur le Ministre, le respectueux hommage de

Votre dévoué serviteur,

AUGUSTE COMTE.

(10, *rue Monsieur-le-Prince*).

(*Suit la copie annoncée.*)

A Monsieur DECAEN,
       Maire du III° arrondissement.

Lundi 3 janvier 1848.

Monsieur le Maire,

En vous demandant, comme de coutume, pour mon enseignement gratuit, la libre disposition de la plus grande salle des Petits-Pères, tous les dimanches, de midi à trois heures, depuis le 30 janvier jusqu'à la fin de juillet, je dois, cette année, vous soumettre loyalement la modification exceptionnelle que je me propose d'essayer. Sans renoncer réellement au cours d'astronomie que j'ai fait pendant dix-sept ans, je voudrais tenter cette fois de le remplacer par un cours philosophique sur l'histoire générale de l'humanité, pour donner au peuple une juste idée de l'intime liaison du présent avec l'ensemble du passé, afin de concevoir sans utopie l'avenir social. Ce nouveau cours ne serait, au fond, que le développement plus complet et plus méthodique du préambule philosophique que j'ai de plus en plus étendu chaque année avant de commencer l'exposition astronomique, et qui, l'an dernier, remplit douze longues séances, sans exciter la moindre réclamation. Si cet essai réussit, je compterais, dans les années suivantes, faire alterner le cours astronomique et le cours historique. —

Mon exposition de l'hiver dernier, dont vous avez

pu avoir quelque connaissance, et ma publication de 1844, que j'eus l'honneur de vous faire agréer, vous garantissent spécialement, outre mon caractère bien connu, la sagesse générale de ce nouveau cours, qui semble vivement désiré.

Il tendra directement à donner plus de consistance et d'énergie au sentiment de l'ordre, comme à mieux régler le sentiment du progrès. Vous savez que ma philosophie a pour destination caractéristique de concilier radicalement les deux grands instincts de conservation et d'amélioration, entre lesquels il existe encore un si déplorable antagonisme.

C'est pourquoi, comptant d'avance sur votre sage assentiment, j'ai osé, en terminant le cours précédent, annoncer publiquement mon nouveau projet. Toutefois je ne me permettrais pas de publier, à ce sujet, par les principaux journaux, mon avis annuel, sans avoir spécialement reçu votre indispensable autorisation.

Veuillez, Monsieur le Maire, agréer, à cette occasion, la respectueuse considération de

Votre dévoué serviteur,

AUGUSTE COMTE.

(10, *rue Monsieur-le-Prince*).

A Monsieur ARAGO,
> *Membre du Gouvernement provisoire.*

Jeudi matin 2 mars 1848.

Monsieur,

Le *National* d'hier n'ayant pas, comme je l'espérais, inséré textuellement la lettre que j'écrivais dimanche à M. Littré, en sortant de ma séance philosophique, je crois devoir vous en adresser ci-jointe une copie littérale.

J'ai transcrit à sa suite la petite circulaire par laquelle j'envoyai lundi de semblables copies à M. Grote, à Londres, à M. de Humboldt, à Berlin, et à M. de Limburg-Stirum, à La Haye, en les priant de leur donner toute la publicité possible, afin que ma réparation soit aussi publique que le fut mon attaque. Si j'avais d'équivalentes relations avec l'Italie et l'Espagne, je ne manquerais pas d'y étendre la même manifestation, à laquelle je procurerai son dernier complément à la tête de mon plus prochain écrit.

Puisse, Monsieur, cet ensemble de démarches vous démontrer la sincérité des regrets que j'éprouve de vous avoir offensé, et la cordialité de la réparation dont je me féliciterai toujours d'avoir senti samedi dernier, le besoin spontané ! Quand vous aurez acquis cette conviction, mon ancienne connaissance de votre magnanimité me permet de compter sur la plénitude du pardon que je vous demande aujourd'hui.

Veuillez, Monsieur, agréer le respectueux hommage de

Votre dévoué serviteur,

AUGUSTE COMTE.

J'ai aussi envoyé lundi la même pièce au *Journal des Débats*, avec prière de l'insérer immédiatement.

A Monsieur le Général AUPICK, Commandant de l'École polytechnique.

(Copie conforme).

Paris, le samedi 8 avril 1848.

Général,

Je vous prie de vouloir bien soumettre officiellement au Conseil de perfectionnement ma demande formelle de succéder aujourd'hui à M. Binet, comme examinateur d'admission à l'École polytechnique.

Pendant sept années consécutives (de 1837 à 1843), j'ai déjà exercé cet office, d'une manière, j'ose le dire, irréprochable. Cette position exceptionnelle me dispense de faire spécialement valoir, à cet égard, les titres polytechniques qui résulteraient, pour tout autre candidat, de mes seize ans de service continu, en qualité de répétiteur d'analyse et de mécanique.

Veuillez, Général, agréer le respectueux hommage de

Votre dévoué serviteur,

Auguste Comte.

(10, *rue Monsieur-le-Prince*).

A Monsieur POINSOT, *Membre du Conseil*
de perfectionnement de l'École polytechnique.

Dimanche matin 9 avril 1848.

Monsieur,

Je viens vous informer que j'ai déposé hier à l'École ma demande officielle de succéder à M. Binet comme examinateur d'admission. Votre noble conduite à mon sujet, en décembre 1844, me fait espérer que vous voudrez bien m'accorder aujourd'hui votre imposante recommandation pour rétablir enfin la position que je perdis alors après sept années d'un irréprochable exercice.

Ma réconciliation publique avec M. Arago, en m'interdisant heureusement toute récrimination sur le passé, me donne lieu de présumer que ses amis n'entraveront pas une réintégration qui lui sera certainement agréable si elle est méritée.

Veuillez, Monsieur, agréer les respectueux sentiments de

Votre dévoué,

AUGUSTE COMTE.

(10, *rue Monsieur-le-Prince*).

2° *A Monsieur LAMÉ, Membre du même Conseil.*

Dimanche matin 9 avril 1848.

Mon cher Lamé,

J'ai déposé hier à l'École ma demande officielle de succéder à M. Binet comme examinateur d'admission ; le zèle consciencieux que vous m'avez prouvé quand je perdis cette position, en décembre 1844, me permet de compter aujourd'hui sur votre appui pour la recouvrer.

Ma réconciliation publique avec M. Arago, en m'interdisant heureusement toute récrimination sur le passé, me donne lieu de présumer que ses amis n'entraveront pas une réintégration qui lui sera certainement agréable si elle est méritée.

Tout à vous,

AUGUSTE COMTE.

3° *A Monsieur CHASLES, Membre du même Conseil.*

Dimanche matin 9 avril 1848.

Monsieur,

Je suis venu ce matin vous informer que j'ai déposé hier à l'École ma demande officielle de succéder à M. Binet comme examinateur d'admission. L'estime que vous m'avez toujours témoignée me fait espérer que vous voudrez bien m'appuyer aujourd'hui pour rétablir enfin la position que je perdis, en décembre 1844, après sept années d'un irréprochable exercice.

Ma réconciliation publique avec M. Arago, en m'interdisant heureusement toute récrimination sur le passé, me donne lieu de présumer que ses amis n'entraveront pas une réintégration qui lui sera certainement agréable si elle est méritée.

Agréez, Monsieur, l'assurance de la parfaite considération de

Votre dévoué serviteur,

AUGUSTE COMTE.

(10, *rue Monsieur-le-Prince*).

Au Citoyen CARNOT, Ministre de l'Instruction publique.

Paris, le jeudi 25 mai 1848.

(Personnelle).

Citoyen Ministre,

Votre prédécesseur (M. de Salvandy) m'a informé, par une lettre officielle du 18 septembre dernier, qu'il examinerait, *avec l'intérêt qu'elle comporte et que motive le talent éprouvé de son auteur,* la proposition que je lui avais soumise, dans ma lettre du 2 septembre 1846, de fonder, au Collège de France, une chaire d'*Histoire générale des sciences positives,* que je puis, j'ose le dire, seul remplir aujourd'hui. Je vous prie de vouloir bien me faire immédiatement connaître le résultat quelconque d'un tel examen.

Cette proposition n'est que la reproduction plus opportune de celle que je fis, longtemps auparavant, au ministre Guizot, par ma note du 28 octobre 1832, dont j'ai gardé copie, et à laquelle fait allusion la Préface du sixième volume de ma *Philosophie positive,* qui, je crois, vous est personnellement connue. Malgré la bonne volonté de M. Guizot, cette importante création avait été écartée sous l'ombrageuse domination des psychologues universitaires. Quand M. de Salvandy me parut disposé à s'affranchir de leur ténébreuse tutelle, je pensai que mon projet pourrait être mieux accueilli.

Jusqu'ici, notre République semble transférer aux idéologues l'omnipotence oppressive que possédaient les psychologues. Mais une commotion aussi radicale ne saurait se borner à échanger entre les deux sectes rivales une suprématie scientifique dont tous les métaphysiciens sont également indignes. J'espère spécialement que le besoin de représenter dignement l'esprit positif dans l'ensemble de nos études historiques sera bientôt senti par le fils d'un des plus purs organes de la véritable science. L'immortel fondateur de l'École polytechnique, et aussi son digne fils aîné, s'étonneraient, sans doute, aujourd'hui de voir l'histoire des connaissances réelles entièrement exclue du haut enseignement français, où tant de chaires sont consacrées à l'histoire des rêveries métaphysiques.

Salut et fraternité.

A^{te} COMTE.

(10, *rue Monsieur-le-Prince*).

A Monsieur le Général DE LAMORICIÈRE,
Ministre de la Guerre.

Paris, le dimanche 16 juillet 1848.

(Personnelle).

Citoyen Ministre,

Vous ayant écrit lundi dernier pour vous demander une audience immédiate, destinée à vous soumettre une réclamation très urgente, je n'ai encore obtenu aucune réponse. Ce silence contraire à tous les usages ministériels, et particulièrement inattendu envers votre ancien maître, me fait présumer que déjà vous tentez spontanément d'empêcher la nouvelle iniquité indiquée dans mon billet.

Pour fortifier cette disposition, j'accuse aujourd'hui de prévarication formelle le Conseil de perfectionnement de l'École polytechnique, au sujet de sa récente présentation quant aux examinateurs d'admission. Afin de mieux préciser cette accusation, je dois ajouter que la grande majorité de ce Conseil ne me paraît ici coupable que de faiblesse ou de négligence, sous les menées de MM. Mathieu, Liouville et Regnault, auxquels j'impute directement la malversation. Je vous demande d'instituer, à cet égard, une enquête spéciale, où je puisse vous démontrer tout ce que je viens d'avancer.

Vous pouvez déjà concevoir cette affaire sous son vrai jour, en la rattachant à ma spoliation de 1844, qui se trouve ainsi irrévocablement consommée. M. le Maréchal Soult, dont je ne craindrais pas, au besoin, d'invoquer le témoignage, soumit alors l'ensemble de ce conflit à un examen approfondi, d'après lequel il blâma avec énergie la conduite de mes ennemis, dans une lettre officielle du 15 juillet 1844, où il refusait expressément de sanctionner la persécution organisée contre moi. Sa noble fermeté a dû laisser, au Ministère de la Guerre, des traces qui vous fourniraient des renseignements préalables. Les trois lettres que je lui adressai sur ce sujet, en 1844, les 25 janvier, 30 mai et 19 décembre, suffiraient pour caractériser cette lutte. Si elles ne se trouvaient plus dans les cartons du Ministère, il doit en exister, à l'École polytechnique, des copies textuelles, que je fis alors à la prière de M. le Général Rostolan, qui les a ensuite laissées à son successeur, comme pièces officielles. Elles vous expliqueront la principale origine de ma spoliation, qui, outre de coupables animosités personnelles, entièrement étrangères à mon service polytechnique, punit surtout mes efforts philosophiques pour réformer notre absurde régime scientifique.

Quoique une légalité vicieuse ait empêché le Ministre de 1844 de me garantir autant que la justice lui semblait l'exiger, il n'osa point adopter la mesure décisive que je lui proposais, de retirer définitivement aux Conseils polytechniques toute présentation des examinateurs d'admission, dès lors nommés directement par le Ministre. Il crut avoir assez contenu l'essor ultérieur des intrigues scientifiques en transférant les choix au Conseil de perfectionnement. Mais l'expérience actuelle prouve l'insuffisance de cette amélioration. Les coupables haines qui me poursuivent depuis huit ans ne peuvent céder qu'à la mesure que je propose de nouveau. Elle devient aujourd'hui plus facile en même temps que plus urgente, d'après la profonde altération des préjugés publics en faveur des corporations scientifiques. Ces abus peuvent être maintenant réprimés, par le pouvoir central, sans susciter les clameurs empiriques qui entravaient, il y a quatre ans, une telle fermeté.

Ce cas fournirait une heureuse occasion partielle de revenir aux vrais principes administratifs, qui prescrivent de ne demander à des assemblées irresponsables, surtout scientifiques, que des renseignements ou des avis, sans leur conférer aucune décision, surtout personnelle. Outre les menées criminelles dont je m'engage à constater l'existence, cet acte du Conseil polytechnique témoigne une incapacité radicale, directement nuisible à un important service. Car, on confie ainsi un office très difficile à des jeunes gens dépourvus de toute expérience didactique, et pleinement étrangers à la connaissance des hommes, indispensable à des fonctions où il faut écarter les trois quarts des concurrents. Leur empressement à solliciter, ou du moins à accepter sciemment une succession résultée d'une spoliation notoire, suffirait pour prouver qu'ils ne remplissent pas mieux les conditions morales que les conditions intellectuelles d'une charge qui exige surtout une austère probité et une fermeté inébranlable.

L'intérêt public m'oblige donc, encore plus qu'une légitime défense, d'insister, auprès d'une autorité supérieure aux passions pédantocratiques, pour signaler, à cette occasion, la réforme nécessaire de notre régime polytechnique; ce régime contribue beaucoup à la notable décadence d'une école déjà inférieure à la réputation que lui mérita sa noble institution républicaine. Tombé sous l'empire d'une classe sans élévation morale ni mentale, ce précieux établissement subit une dégénération rapide, qui réclame une active intervention du Gouvernement. Je m'estimerais heureux si mon infortune particulière éveillait cette indispensable sollicitude. C'est pourquoi je dois insister sur l'enquête que je vous demande, et dont je vous démontrerai la nécessité dans l'entrevue spéciale que je persiste à réclamer. Avant de soumettre enfin l'ensemble de cette grave affaire au suprême jugement de l'opinion publique, je dois épuiser tous les moyens réguliers d'obtenir justice ou réparation.

Salut et fraternité.

A^{te} COMTE,

Auteur du *Système de philosophie positive.*

(10, *rue Monsieur-le-Prince*).

Jeudi soir, 26 octobre 1848.

Ayant écrit à M. Arago, le 12 et le 15 octobre, sans savoir qu'il était alors absent, j'ai lieu de craindre que mes billets ne lui soient pas parvenus. C'est pourquoi je crois devoir aujourd'hui le prier encore de vouloir bien m'accorder, à sa convenance, une entrevue spéciale, dont voici l'objet.

Des trois fonctions scientifiques qui assuraient mon existence matérielle, j'ai d'abord perdu la principale, en 1844, en cessant d'être examinateur d'admission à l'École polytechnique, après sept années consécutives d'un irréprochable exercice. Cette perte, généralement regardée alors comme passagère, est maintenant rendue irrévocable par l'échec définitif que je viens d'éprouver à cet égard, contre l'attente universelle.

En second lieu, j'ai brusquement perdu, au commencement de ce mois, malgré treize ans de bons services, ma place de professeur de mathématiques dans l'institution de M. Laville.

Ce nouveau désastre ne me laisse que la moindre de mes ressources matérielles, mon traitement de deux mille francs comme répétiteur à l'École polytechnique. La réélection annuelle à laquelle cet office est assujetti rend même possible qu'il me soit aussi enlevé prochainement, quoique je l'exerce sans reproches depuis seize ans. Au reste, son insuffisance est notoire, vu mes charges et mon défaut total de fortune personnelle.

Une telle extrémité me force, à cinquante ans, de reconstruire, comme un jeune homme, ma position matérielle. L'ensemble de mon passé m'autorise à réclamer loyalement, pour cette difficile opération, l'honorable appui de tous ceux qui savent combien ce sort fut peu mérité. Tel est l'objet spécial de l'entrevue que demande aujourd'hui à M. Arago,

Son dévoué serviteur,

Auguste Comte,

Auteur du *Système de Philosophie positive*.

(10, rue Monsieur-le-Prince).

A Monsieur le Général *CAVAIGNAC*,
Chef du Pouvoir exécutif.

(Personnelle).

Lundi 20 novembre 1848.

Je prie M. le général Cavaignac de vouloir bien m'accorder, le plus prochainement possible, une audience spéciale, dont voici l'objet.

Pendant les dix-sept années précédentes, j'ai gratuitement professé, sans aucun obstacle, dans un local, accordé par l'autorité, un cours hebdomadaire, destiné surtout à populariser convenablement le véritable esprit scientifique. Cette longue expérience a permis à tous les vrais amis de l'ordre d'apprécier l'efficacité sociale d'un tel enseignement, tendant à faire partout prévaloir le goût des conceptions réelles et démontrables sur l'habitude, jusqu'ici dominante, des spéculations creuses et arbitraires.

L'irrévocable avènement de notre République procure désormais unenouvelle importance à cette opération philosophique, pour permettre enfin l'essor décisif des convictions fixes et communes qui nous manquent aujourd'hui. Néanmoins, la prépondérance officielle que conservent encore les métaphysiciens et les littérateurs, étrangers ou hostiles à toute étude positive, entrave, sous de vains prétextes, ce service de haute utilité publique, ainsi interrompu depuis le milieu de mars.

La vraie nature de cette résistance inattendue ne me laisse l'espoir de la surmonter que d'après l'intervention directe du chef suprême du Gouvernement actuel. Toujours préoccupé du difficile maintien de l'ordre matériel au milieu du désordre spirituel, il peut seul bien comprendre l'unique voie propre à discréditer radicalement les déclamateurs et les utopistes, en fondant la détermination générale de l'avenir social sur l'appréciation réelle de l'ensemble du passé, suivant les lois naturelles de l'évolution humaine.

Le caractère essentiellement pratique du chef actuel, et l'influence de son éducation polytechnique, me disposent d'ailleurs à le croire étranger aux répugnances spontanées de nos idéologues ou psychologues contre l'ascendant populaire de l'instruction positive.

Tel est l'objet sommaire de l'audience que je sollicite, et où je caractériserai davantage ma réclamation. Elle a d'autant plus d'importance que les mêmes antipathies littéraires et métaphysiques font aussi refuser des salles nationales pour une série gratuite de cours scientifiques destinés à l'instruction positive du peuple par une association libre, que je m'honore de présider.

L'éminente position de M. le général Cavaignac devant lui faire écarter toute entrevue oiseuse, je le prie de vouloir bien, avant de prononcer sur cette demande d'audience, prendre d'exactes informations personnelles. Si je n'ai pas déjà l'honneur d'être indirectement connu de lui, il pourra consulter, à mon égard, M. le Général de La Moricière, mon ancien élève, qui me connaît depuis vingt-cinq ans.

Salut et fraternité.

AUGUSTE COMTE,

Répétiteur d'analyse et de mécanique
à l'École polytechnique
Auteur du *Systéme de philosophie positive.*

(10, *rue Monsieur-le-Prince*).

A Monsieur BINEAU, Ministre des Travaux publics.

Paris, le mardi 12 février 1850.

Monsieur le Ministre,

Je vous prie de vouloir bien, comme votre prédécesseur, mettre à ma disposition la salle d'assemblée générale du Comptoir d'Escompte, tous les dimanches, de midi à trois heures, pour y reprendre gratuitement mon *Cours philosophique sur l'histoire générale de l'Humanité,* que j'y professai l'an dernier. En appuyant cette demande, M. Vieillard, représentant du peuple, vous a déjà donné, à ce sujet, tous les renseignements convenables. Voici d'ailleurs un programme caractéristique, qui vous indiquera nettement la nature, la destination et la marche de cet enseignement populaire, envers lequel je suis prêt à vous fournir les explications quelconques que vous désireriez encore.

Ce n'est point en administrateur légal, mais en véritable homme d'État, que je vous demande d'examiner cette affaire, comme intimement liée à la solide réorganisation des opinions et des mœurs. Pendant dix-neuf ans de cours gratuits, j'ai constaté l'aptitude de mes principes à reconstruire, chez le peuple, l'ordre intellectuel et moral, en surmontant, par la démonstration, l'anarchie propre à notre siècle. La philosophie positive s'adresse directement, et même exclusivement, aux esprits pleinement émancipés, lesquels, à ce titre, sont déclarés indisciplinables par toutes les doctrines officielles, théologiques ou métaphysiques. Il serait étrange que la prédication désintéressée de la religion de l'Humanité, seule capable de résoudre l'anarchie actuelle, ne fût pas même encouragée par la simple concession d'une salle publique, tandis que de nombreux millions sont encore prodigués à des croyances que l'expérience journalière proclame, depuis longtemps, impuissantes ou dissolvantes.

Salut et fraternité.

AUGUSTE COMTE,

Auteur du *Système de philosophie positive.*

(10, *rue Monsieur-le-Prince*).

P.-S. — J'ai eu, sur ce sujet, le 26 janvier, un entretien spécial avec M. le Préfet de police, qui m'a déclaré ne s'opposer, en aucune manière, à la reprise de mon cours.

Cette reprise étant attendue impatiemment par un nombreux auditoire, qui l'espérait pour la fin de janvier, je vous prie de vouloir bien décider, à cet égard, le plus prochainement possible, sans vous y assujettir aux lenteurs superflues des formalités administratives.

RÉPUBLIQUE OCCIDENTALE

Ordre et Progrès. — Vivre pour autrui.

A Monsieur BINEAU, Ingénieur des mines,
actuellement Ministre des travaux publics
de la République Française.

(*Personnelle*).

Paris, le 7 Aristote 62
(4 mars 1850).

Monsieur le Ministre,

Je n'ai encore obtenu aucune réponse à la demande que je vous adressai, le 12 février, pour le renouvellement de la concession que me fit, l'an dernier, votre prédécesseur, envers le cours gratuit dont le programme accompagnait ma lettre. Ce silence total, dans un cas aussi simple et aussi urgent, doit sembler d'autant plus déplorable que vos antécédents personnels vous permettent de sentir combien il nuit aux vrais intérêts de l'ordre intellectuel et moral, unique base solide de l'ordre matériel.

Sans que j'aie jamais eu l'honneur de voir M. Bineau, je sais que, depuis longtemps, il connaît l'aptitude éprouvée de la Philosophie positive, à discipliner, par la démonstration, les âmes révolutionnaires, qui seules déterminent, de nos jours, tous les grands mouvements, où les classes soi-disant dirigeantes ne font que résister aux impulsions naissantes pour céder à leur maturité. Vous n'ignorez pas que la Religion de l'Humanité constitue désormais l'unique garantie systématique de l'ordre, de la propriété et de la famille, que compromettent de plus en plus toutes les croyances officielles, incapables de tenir tête à une imminente anarchie. Sans craindre l'impopularité, le Positivisme recommande toujours la concentration du pouvoir, et même de la richesse, comme indispensables à leur destination sociale. Je suis aujourd'hui le seul écrivain qui, pendant trente ans de publicité, n'ait jamais fait aucune concession aux préjugés révolutionnaires, que je ménage encore moins depuis qu'une consécration officielle en a aggravé le danger apparent. Vous savez aussi combien ma carrière philosophique fut toujours désintéressée : loin de favoriser ma propre condition, elle ne m'a suscité qu'une coupable spoliation ; et je n'y ai pas même visé à la moindre popularité. Malgré l'exemple des prêtres de Dieu, les prêtres de l'Humanité s'interdisent systématiquement toute autorité temporelle, et même toute fortune personnelle pour se vouer dignement au gouvernement des esprits et des cœurs.

Tout cela vous étant assez connu, il y aurait lieu de s'étonner qu'un ministre nourri d'études positives secondât les antipathies théologiques ou métaphysiques contre l'unique source actuelle des convictions fixes et communes. Une telle conduite m'obligerait, comme organe systématique de l'Humanité, à vous décerner, au nom de l'ordre fondamental, un blâme solennel, que ratifierait la postérité, si jamais elle s'occupe en détail des présentes misères. L'ordre domine ouvertement sur la bannière positiviste, de même qu'il régit nos sentiments, nos pensées et nos actes ; tandis que vous autres, prétendus conservateurs, vous êtes forcés de subordonner tous vos actes officiels à une devise anarchique, que je combattis publiquement le jour de son installation.

Salut et fraternité.

AUGUSTE COMTE,

Auteur du *Système de Philosophie positive.*

(10, *rue Monsieur-le-Prince*).

A Monsieur BINEAU, Ministre des Travaux publics.

(Personnelle)

Paris, le 13 Archimède 62

(Dimanche 7 avril 1850).

Monsieur le Ministre,

Je m'empresse de vous témoigner ma respectueuse gratitude pour avoir enfin renouvelé la concession de votre prédécesseur envers la salle destinée au *Cours philosophique sur l'histoire générale de l'Humanité*, dont je vous adressai, il y a trois mois, le programme imprimé. D'après votre décision d'hier, je vais reprendre cet enseignement gratuit tous les dimanches, de midi à trois heures, à partir du 21 avril jusqu'au 13 octobre.

La longue discussion officielle qui vient de précéder ces nouvelles prédications positivistes, doit finalement les rendre plus efficaces. On sent ainsi que toute loyale renonciation des vrais philosophes à l'autorité temporelle déterminera bientôt une équivalente disposition des véritables hommes d'État envers le gouvernement spirituel. Pendant que ceux-ci maintiendront avec énergie un ordre matériel toujours indispensable, la sagesse systématique de ceux-là reconstituera dignement l'ordre intellectuel et moral. Malgré d'inévitables dissidences entre deux forces aussi hétérogènes, leur convergence spontanée transformera peu à peu notre périlleuse situation en une tendance directe à déterminer convenablement la grande révolution occidentale.

Dans ce cours, plus solennel, j'espère mieux caractériser les ressources, trop méconnues, que présente aujourd'hui l'état républicain en faveur de l'ordre véritable, tant spirituel que temporel. En offrant au progrès d'irrécusables garanties, la philosophie positive peut seule tourner, contre les jongleurs et les utopistes, une situation qui d'abord semble les seconder. Je puis ainsi élever dignement la bannière systématique des constructeurs, en concurrence directe avec le fatal drapeau des niveleurs. L'appréciation normale des devoirs vient alors remplacer irrévocablement l'anarchique discussion des droits. On peut pleinement démontrer à la raison populaire combien il est absurde d'aspirer à des mesures qui soient à la fois radicales et immédiates. Mais cette conviction ne comporte d'efficacité que d'après une doctrine propre à remplir alternativement ces deux conditions également indispensables, en posant aujourd'hui les bases directes d'une régénération réservée à nos successeurs, et réalisant déjà toutes les améliorations assez préparées par nos prédécesseurs. En développant ces salutaires propriétés du positivisme, je ferai naturellement sentir, pour le présent comme pour l'avenir, que la principale garantie politique du véritable progrès social consiste dans une sage concentration de tout pouvoir temporel qui saura suffisamment respecter la liberté spirituelle. A nos yeux, la régénération finale est encore plus entravée aujourd'hui par les lettrés indisciplinables que par les mauvais riches. Instituer, contre ce double obstacle, l'irrésistible intervention des prolétaires et des femmes, tel doit être maintenant la mission essentielle des prêtres de l'Humanité. Elle caractérisera la tendance continue de mon nouveau cours, d'après la préparation accomplie l'an dernier.

La décision qui me permet de poursuivre convenablement cet office méritera toujours la reconnaissance spéciale de tous les amis de la religion finale. En leur nom et au mien, je vous prie, Monsieur le Ministre, d'agréer aujourd'hui la sincère expression de ce sentiment naturel.

Salut et fraternité.

AUGUSTE COMTE.

(10, rue Monsieur-le-Prince).

---

*A Monsieur le Général **D'HAUTPOUL**,*
Ministre de la Guerre.

Paris, le 8 César 62.
(Mardi 30 avril 1850).

Monsieur le Ministre,

Si vous recevez une plainte officielle contre mon service à l'École polytechnique, je vous supplie de ne rien décider sans m'avoir d'abord entendu sur ce sujet, soit par vous-même, soit plutôt par un administrateur que vous délégueriez. Toute précipitation à cet égard vous exposerait à seconder involontairement d'indignes passions qui, sous un spécieux prétexte de discipline, espèrent aujourd'hui m'ôter un poste modeste, que j'occupe sans reproche depuis dix-huit ans.

Une première iniquité me ra.it, en 1844, après sept ans de digne exercice, un office plus important, malgré l'énergique résistance du Ministre (M. le maréchal Soult), qui, ayant mûrement examiné cette affaire, déplora beaucoup la vicieuse légalité d'où résultait son impuissance à me garantir assez. M. le général Saint-Yon, alors directeur du personnel, et bientôt ministre, fut spécialement chargé de cet examen, qui lui inspira les mêmes regrets. Comme chefs de l'École polytechnique dans les temps voisins d'un tel conflit, MM. les généraux Tholosé, Vaillant, Boilleau, Guillemain et Rostolan ont pleinement apprécié cette persécution pédantocratique. Quand avorta, en juillet 1848, une réparation naturelle et généralement attendue, j'expliquai spécialement à M. le général La Moricière, mon ancien élève, alors ministre, les infâmes manœuvres qui la firent échouer.

Le lâche oppresseur d'où elles émanèrent tente maintenant de m'enlever aussi le seul emploi qui me reste. Ce succès final lui semble d'autant mieux assuré que notre respectable commandant, malgré les plus pures intentions, pourra être ainsi poussé sans le vouloir ni le savoir, à faciliter ce complément de spoliation. Les méchants réussiraient rarement par leurs propres forces, s'ils ne parvenaient point à se faire involontairement seconder par les gens de bien. Mais j'espère que mon avertissement arrive à temps pour prévenir ici une telle issue. Car, je suis certain qu'une loyale explication préalable dissipera sans peine toutes les apparences qu'on invoquerait contre mon service polytechnique.

Salut et fraternité.

AUGUSTE COMTE,

Auteur du *Système de philosophie positive,*

Encore Répétiteur d'analyse transcendante
et de mécanique rationnelle
à l'École polytechnique,

Longtemps Examinateur pour l'admission
à cette École.

(10, rue Monsieur-le-Prince).

A Monsieur le Colonel FROSSARD,
Directeur provisoire des études de l'École polytechnique.

Paris, le lundi 10 février 1851.

Colonel,

Le nouveau programme polytechnique prescrit formellement la méthode des infiniments petits pour toutes les applications de l'analyse transcendante. Cependant, mon service m'a fait récemment constater que, comme auparavant, la méthode des limites y est exclusivement employée, avec les lourdes formalités qui la rendirent toujours impropre à l'invention.

Il importe beaucoup d'exécuter, à cet égard, la prescription officielle, qui peut seule permettre aux élèves d'appliquer utilement l'analyse transcendante à de nouveaux sujets, géométriques ou mécaniques, sans être entravés par aucune rigueur puérile. Leur légitime intérêt peut même souffrir d'un tel contraste entre la règle et l'usage, si leur appréciation finale doit dépendre de juges qui, naturellement étrangers aux détails intérieurs de l'École, les examineront d'après la supposition légale, de manière à les rendre personnellement responsables de cette inaptitude envers la méthode infinitésimale.

D'un autre côté, il faut remédier à ce grave inconvénient sans obliger le professeur à une exposition qui choquerait ses scrupules académiques. Ces deux conditions peuvent aisément se concilier d'après mes propres convictions de tout temps sur la prééminence de la méthode infinitésimale, qui caractérisa toujours mon enseignement mathématique, privé ou public, et que proclama hautement, il y a plus de vingt ans, mon ouvrage fondamental. J'ai déjà présenté, sur ce sujet, des explications directes, dans toutes les salles où elles m'ont semblé opportunes. Mais l'importance et la difficulté d'une telle rectification me paraissent exiger une exposition plus complète et plus solennelle. J'offre donc de faire, à l'amphithéâtre, pendant la semaine qui va suivre la terminaison du cours, trois leçons exceptionnelles sur l'ensemble de la méthode infinitésimale, d'abord appréciée en elle-même, et puis comparée aux deux autres. En acceptant, Colonel, la proposition ainsi inspirée par mon devoir spécial, et qui d'ailleurs remplacerait les leçons de révision, vous seconderiez, j'espère, l'effort mémorable qu'exerce aujourd'hui le Gouvernement pour arrêter et réparer, s'il en est encore temps, l'intime dégénération de notre École polytechnique.

Salut et fraternité.

AUGUSTE COMTE,

Répétiteur d'analyse à l'École polytechnique.

(10, rue Monsieur-le-Prince).

A Monsieur le Général **BONET**, *Commandant de l'École polytechnique.*

Paris, le lundi 1er décembre 1851.

Général,

Pendant les dix-neuf années de mon service polytechnique, je n'eus jamais à m'y plaindre que de la pédantocratie. Je conservai toujours d'excellents rapports avec tous mes chefs militaires, et même avec les divers directeurs des études, sauf la secrète inimitié personnelle de celui qu'on vient d'écarter. Mais le meilleur témoignage de cette harmonie spontanée consistera désormais dans la précieuse estime si dignement exprimée par votre noble lettre d'hier.

Votre loyale sollicitude envers moi me touche

profondément, et j'accueille, avec une respectueuse gratitude, vos bienveillants conseils, dont je m'efforcerai de profiter autant que le permettent mes convictions et mes sentiments. Mais je n'hésite point à refuser au pouvoir purement matériel que l'on qualifie encore de *Gouvernement* la faculté d'ordonner ou d'interdire, aux fonctionnaires scientifiques, des opinions et des formules étrangères à leur office spécial.

Depuis que le moyen âge fit irrévocablement cesser le régime où les deux puissances théorique et pratique se trouvaient légitimement confondues, une telle usurpation est aussi contraire à l'ordre qu'au progrès, surtout en un temps où manque toute vraie communauté de principes. Elle devient aujourd'hui inconciliable avec la durée légalement restreinte des suprêmes magistratures, et avec leur source scientifiquement incompétente. Maintenir avec énergie l'ordre matériel, seconder sagement l'essor industriel, et respecter toujours le mouvement spirituel : tel est le seul programme politique qui convienne à notre anarchie mentale et morale. Quant à la discipline intellectuelle, sa vraie reconstruction constitue le principal problème moderne ; dès ma jeunesse, j'ai toujours voué ma vie à le résoudre dignement. Si, dans la présente situation, le commandement de la pensée et du langage était possible, j'y devrais prétendre plus que personne comme ayant mieux rempli les conditions logiques et scientifiques qu'exige la saine élaboration des conceptions sociales, objectivement subordonnées à toutes les autres. Mais j'ai trop étudié ce grand sujet pour oublier jamais qu'un tel ascendant résulte uniquement du libre assentiment des esprits et des cœurs.

Aucune prescription semblable ne me fut jamais objectée jusqu'ici. Par exemple, depuis plus de trente ans que je tiens la plume philosophique, j'ai toujours représenté la souveraineté du peuple comme une mystification oppressive, et l'égalité comme un ignoble mensonge. Cependant personne n'a prétendu que le rejet de ces dogmes métaphysiques, quoique devenus officiels, dût m'interdire d'enseigner le calcul infinitésimal à l'École polytechnique ou ailleurs. La même indépendance de pensée et de langage me fut toujours permise aussi envers les dogmes théologiques.

Une seule restriction raisonnable peut, à cet égard, émaner du Gouvernement, quand il exige que les opinions propres à un professeur ne troublent jamais sa fonction didactique, soit par négligence, soit par déviation. Mais ma conduite spontanée fut toujours conforme à cette règle, pendant trente-cinq ans d'enseignement mathématique, tant privé que public. Je puis surtout citer, comme exemple, mes leçons à l'École polytechnique, en 1836, par intérim après la mort de Navier, qui furent assidûment honorées de la présence officielle de l'illustre Dulong, dont l'éclatante approbation donna tant de poids à ma candidature de 1840 pour une chaire qui dès lors m'était due. Dans cet enseignement caractéristique, je ne laissai pénétrer, de ma propre philosophie, que ce qui devait spécialement améliorer mon service scientifique, ainsi qu'on le reconnut généralement. Mais, hors de l'École, j'ai toujours regardé mon langage, oral ou écrit, comme devant rester aussi libre que ma pensée, sous ma seule responsabilité civique. Quand cette juste indépendance ne sera plus respectée, je saurai quitter sans hésitation tout poste qui m'imposerait un tel esclavage.

Le Gouvernement doit prescrire davantage envers les conditions scientifiques susceptibles d'affecter réellement le service qu'il institue. Aucun professeur ne peut raisonnablement éluder des règles nettement définies, qu'il connaissait en acceptant son office. C'est ainsi, par exemple, qu'on prescrit très légitimement, à l'École polytechnique, l'enseignement de la méthode infinitésimale proprement dite, que j'ai, du reste, toujours préférée spontanément. Les préjugés académiques qui la feraient repousser devraient inspirer aussi le courage d'abdiquer des fonctions que l'on savait d'avance assujetties à cette condition spéciale.

Je vous demande, à mon tour, sincèrement pardon, Général, pour ces longues explications, qui ne font peut-être que mieux préciser votre propre opinion sur ce point fondamental de discipline polytechnique. Quant aux dangers de mes ouvrages pour des lecteurs mal préparés, l'expérience ne confirme point ces inquiétudes : et, en effet, j'écris de manière à repousser au lieu d'attirer les esprits qui ne sont pas convenablement disposés. J'ai souvent eu, au contraire, l'incomparable satisfaction de ramener sincèrement à l'ordre des âmes partout réputées indisciplinables.

L'étendue même de ces divers éclaircissements vous prouvera, j'espère, Général, combien je tiens à conserver la haute estime que vous voulez bien témoigner à un philosophe qui n'eut jamais l'honneur de vous voir.

Salut et fraternité.

Auguste Comte.

(10, rue Monsieur-le-Prince).

SUPPLÉMENT

Nous publions deux lettres importantes d'Auguste Comte, qui ne sont point inédites, mais qui ne sont certainement connues que d'un très petit nombre de personnes.

M. Paul Descours, de Londres, a eu l'obligeance de nous faire cette communication.

Lettre à Monsieur GROTE (1).

Paris, le jeudi 27 février 1845.

Mon cher Monsieur Grote,

Vous savez probablement déjà que j'ai reçu, le 8 de ce mois, la seconde moitié du subside par lequel vous et vos généreux amis avez si noblement réparé les désastres immédiats de l'inique spoliation que je viens de subir. Je vous prie d'agréer, à ce sujet, la nouvelle expression de ma profonde gratitude, et de la faire agréer à Sir W. Molesworth, ainsi qu'à la troisième personne, quelle qu'elle soit, dont j'ignorais encore la participation à cette tutélaire intervention. Grâce à ce précieux patronage, ma situation matérielle se trouve assurée jusqu'au mois d'août prochain, sur le même pied qu'auparavant, et j'espère que, avant cette époque, je serai parvenu, d'une manière quelconque, à prévenir toute perturbation ultérieure. L'affectueuse sollicitude témoignée dans votre excellente lettre du mois dernier me détermine à vous indiquer, à cet égard, combien il est probable, par suite de la réaction maintenant opérée en ma faveur chez tous les hommes honorables de la science et de l'administra-

(1) Publiée dans *Posthumous Papers*, de George Grote, par M₥ Grote. Londres, 1874. (Ce volume n'a pas été mis dans le commerce).

tion, que ma position polytechnique sera bientôt rétablie à l'occasion de la retraite prochaine de l'un des
anciens examinateurs, qui, âgé de soixante-dix ans,
et d'ailleurs aisé, parle beaucoup de se retirer. Toutefois, comme cette éventualité pourrait n'être pas assez
immédiate, et que le passé me donne lieu de croire
à la possibilité d'une nouvelle injustice, quoique désormais moins vraisemblable, je me suis déjà occupé à
chercher autrement l'équivalent d'un revenu qui
m'était indispensable, en reprenant mon ancien mé-
tier de professeur privé, que j'avais dû abandonner
pendant les sept dernières années, quelque dérangement qu'il puisse d'ailleurs apporter maintenant à
mes chers travaux philosophiques. Les nombreuses
démarches individuelles que je viens de faire, à cet
effet, pour renouer des relations convenables, que ma
vie solitaire avait dû laisser tomber en désuétude,
me font espérer un succès suffisant, surtout si mes
amis de Londres veulent bien me seconder à ce sujet,
en s'efforçant de me procurer, sous ce rapport, la
clientèle de quelques-uns des riches Anglais qui rési-
dent ici. Au reste, pour en finir sur ce qui m'est personnel, je crois devoir finalement me féliciter de
l'attitude énergique que le Ministre avait d'abord prise
en ma faveur, quelque faiblesse qu'il ait ensuite mon-
trée ; car, au milieu de cette sorte de catastrophe, sa
manifestation formelle m'a du moins préservé de la
triste et ennuyeuse nécessité, où, sans cela, je me
serais trouvé forcé d'exposer immédiatement au public l'ensemble de cette affaire, afin d'y prévenir les
indignes insinuations de mes ennemis, lesquels,

d'après cette solennelle déclaration du Ministre, n'ont pas même osé rien tenter de semblable, sans avoir certes été retenus par aucun scrupule moral, mais dès lors par la seule crainte de se compromettre ainsi inutilement.

Je vous remercie beaucoup de votre cordial intérêt pour le projet de Revue positive. Mais d'après l'impossibilité où Mill me déclare qu'il serait d'y coopérer régulièrement, et vu le peu d'appui que vous et lui nous annoncez pouvoir actuellement trouver en Angleterre, nous nous sommes décidés finalement, M. Littré et moi, à l'ajournement de ce projet jusqu'au moment où il sera devenu plus opportun. Tout en me tenant toujours disponible pour cette importante opération, aussitôt que les conditions extérieures en seront remplies, je vais donc, quant à présent, reprendre paisiblement le cours normal de mes travaux propres, en commençant mon traité spécial de *Philosophie politique,* dont j'espère que le premier volume sera écrit avant le mois d'août, quoique je ne croie d'ailleurs devoir publier cet ouvrage que dans son ensemble, c'est-à-dire en 1848, époque probable de la terminaison des quatre volumes.

Votre juste sympathie pour l'important travail de M. Littré sur mon ouvrage vous fera, sans doute, apprendre avec plaisir que cette appréciation capitale a obtenu assez de succès pour que l'auteur ait dû la réimprimer à part tout récemment, dans un opuscule qui réussit beaucoup, et dont il a adressé un exemplaire à notre ami Mill.

D'après la sollicitude très naturelle que vous inspire la continuation de l'*Hippocrate*, j'en ai spécialement demandé des nouvelles à Littré : il vient d'achever le cinquième volume, qui paraîtra cette année.

J'apprends avec beaucoup de satisfaction que vous allez enfin commencer la publication de votre Histoire grecque, dont je vous sais occupé depuis longtemps. Quoique, par régime cérébral, je ne lise presque rien, il me tarde de m'assurer directement si le jugement que ma grande théorie historique m'a conduit à formuler sur cette civilisation se trouve suffisamment conforme à votre profonde appréciation spéciale.

En réponse à la dernière question de votre aimable lettre, je suis heureux de pouvoir vous assurer que les dispositions actuelles sont ici beaucoup plus favorables qu'en Angleterre au mouvement philosophique. L'étrange scission qui vient d'éclater, dans le camp métaphysique, entre les Déistes progressistes et les Déistes rétrogrades, pourra, si elle se prolonge, conduire les premiers beaucoup plus loin qu'ils ne le croient maintenant, à moins que les intérêts communs à toutes les sectes entologiques ne les déterminent au silence. En tout cas, quelle que soit l'issue, cette manifestation aura toujours servi à constater l'énergique répugnance de la masse active du public contre la prétendue réaction religieuse : car c'est surtout comme organe de cette répugnance qu'un tel éclat a pris une certaine importance, quoiqu'il n'ait peut-être dû son origine occasionnelle qu'à de simples inimitiés personnelles. Mais je puis vous citer un récent symptôme, à la fois plus net et plus décisif, dans l'excellent accueil qu'a reçu, encore plus que de coutume, l'ouverture philosophique de mon cours annuel d'astronomie populaire. Voulant cette année faire un nouveau pas public, j'avais expressément averti, dans l'annonce que j'envoie à cet effet aux divers journaux, et que le *Moniteur* lui-même a littéralement insérée, que les six premières séances seraient spécialement consacrées au préambule philosophique de cet enseignement. Je viens d'achever dimanche dernier cette large exposition préliminaire, où la nature spéculative et la destination sociale du positivisme ont été pleinement caractérisées de la manière la plus explicite. Or, ces six semaines d'explication philosophiques ont été pleinement satisfaisantes : la vaste salle que vous connaissez s'est trouvée toujours remplie d'auditeurs de tout âge et de tout sexe, accueillant avec une respectueuse sympathie cette longue exposition. Ce résultat est d'autant plus significatif que j'avais spécialement informé l'autorité de ce que je tentais, en adressant, quelques mois auparavant, au Maire de cet arrondissement et au Ministre de l'Instruction publique, un exemplaire de mon récent ouvrage sur cet enseignement, et en les invitant avec franchise à la lecture spéciale du Discours préliminaire que vous connaissez, afin d'y juger l'esprit et la tendance de mon opération didactique. J'avais reçu de ces deux fonctionnaires des réponses fort honorables et très encourageantes. Je suis convaincu que des faits aussi décisifs seraient ici beaucoup multipliés déjà si les philosophes, ou soi-disant tels, y avaient toujours assez de courage, ou plutôt des convictions assez nettes et assez profondes. L'exemple de Littré confirme assez, après le mien, que nos lois et surtout nos mœurs permettent aujourd'hui une pleine latitude d'exposition et de discussion philosophique, chez ceux qui ne veulent pas couvrir leurs calculs personnels du prétexte d'une réserve que la situation est loin d'imposer réellement.

Une anecdote toute récente, que vous apprendrez peut-être avec plaisir, me parait propre à vérifier spécialement une telle appréciation :

Mon illustre ami M. de Blainville, dont vous connaissez l'éminent mérite scientifique, a malheureusement confié à un abbé la rédaction, qu'il n'avait pas le temps d'accomplir, du cours qu'il a fait en Sorbonne, pendant les dernières années, sur l'histoire des sciences organiques depuis Aristote jusqu'à nous. Entraîné par des inclinations théologiques résultées de ses affections politiques, M. de Blainville a accordé à ce rédacteur une confiance exagérée, dont celui-ci vient d'abuser pour satisfaire, à l'abri de ce grand nom scientifique, ses propres passions sacerdotales. Dans un passage, entre autres, où il est conduit à appliquer au premier Pline la qualification de *vertueux*, il a osé ajouter : « Vertueux, s'il est permis, faute d'aucune autre expression, d'employer celle-ci pour un athée ». Vous concevrez aisément que je sois allé me plaindre directement d'une telle insolence à M. de Blainville, non seulement en mon nom, mais surtout en celui de tous ceux qui, comme moi, ne croient pas en Dieu. Or, il est résulté de cette représentation que ce prêtre est venu hier chez moi demander excuse, et m'offrir de supprimer aussitôt, par un carton spécial, cet odieux passage ; je n'ai pas besoin de vous assurer que je l'ai traité comme il le méritait pour avoir ainsi compromis, par son zèle de cuistre théologique, la haute réputation scientifique de mon vieil ami. Quand on peut ouvertement formuler de pareilles réclamations, et qu'elles obtiennent un tel résultat, la liberté philosophique est devenue certainement aussi complète qu'on puisse raisonnablement le désirer.

Veuillez agréer, mon cher Monsieur Grote, l'affectueuse estime de

Votre tout dévoué,

A^{te} COMTE.

Je renouvelle spécialement à Mme Grote mes affectueux hommages, en regrettant d'être vraisemblablement privé du plaisir de la voir cette année.

Lettre à Sir *ERSKINI PERRY*, à *Londres* (1).

Paris, le 6 Aristote 65
(Jeudi 3 mars 1853).

Monsieur,

Votre billet de dimanche me permet heureusement de vous exprimer sans délai ma juste gratitude pour le cordial empressement avec lequel vous avez déjà réalisé votre noble participation à mon digne subside annuel, d'après l'envoi que me fit samedi votre banquier des 10 livres sterling, dont voici mon reçu spécial, que je n'aurais su comment vous adresser directement. Le profond souvenir que je conserverai toujours de votre précieuse visite de jeudi dernier se présente ici comme l'honorable annonce de l'appui décisif que trouvera bientôt l'ensemble de ma doctrine chez les plus éminents conservateurs britanniques, seule classe occidentale d'où je doive attendre un vrai patronage temporel, suivant les prévisions de ma jeunesse. Assez convaincus de la fragilité radicale de leur *statu quo*, mais comptant assez sur sa durée prochaine pour le remplacer avec opportunité, ces hommes d'État sont aujourd'hui les seuls dans tout l'Occident européen qui puissent sainement

(1) Publiée par Sir Erskini Perry dans son article : *A Morning with Auguste Comte* (Une matinée avec Auguste Comte): *Nineteenth Century*, novembre 1877.

apprécier l'attitude sociale du Positivisme, comme l'unique préservatif contre un sauvage communisme vers lequel tend ouvertement la révolution occidentale commencée partout au XIV° siècle. Depuis son début, elle offrit toujours le mélange de deux esprits radicalement distincts : l'un positif et disciplinable, caractérisé par la *liberté*, poussant l'élite de notre espèce à sa vraie régénération ; l'autre purement négatif et constamment indisciplinable où l'invocation de l'*égalité* tend à l'entière subversion d'une sociabilité quelconque. Tant que le régime ancien ne fut point assez dissous, ces deux dispositions révolutionnaires durent sembler conciliables, d'après leur commune participation à des luttes nécessaires. Mais depuis que la décomposition de l'ordre antérieur permet, et même exige, que la construction prévaille de plus en plus sur la démolition, leur incompatibilité naturelle se manifeste profondément, et bientôt déterminera la dernière lutte, ou plutôt controverse, que doive offrir la révolution occidentale avant d'instituer sa vraie transition organique vers l'état final de l'Humanité devenue pleinement adulte. Au nom de la liberté, le Positivisme, son seul garant systématique, dirigera le mouvement qui transforme pour conserver, tandis que le communisme continuera de prêcher une égalité radicalement subversive, non moins contraire à la vraie progression humaine. C'est seulement en France, je l'espère, que cette lutte occidentale pourra sortir du domaine spirituel, et susciter des conflits matériels. En Angleterre, où la situation les rendrait beaucoup plus

graves, ils pourront, ce me semble, être essentiellement évités, si la classe dirigeante comprend à
temps les devoirs et les dangers de la position. Or,
notre précieuse entrevue confirme spécialement mes
espérances sur le perfectionnement moral et mental
que comportent les vrais conducteurs britanniques.
Je ne puis guère compter, il est vrai, qu'ils m'of-
friront beaucoup de types comparables, de cœur,
d'effort, et de caractère, à celui que je pus admirer
le 24 février 1853. Mais ces natures d'élite n'ont
heureusement aucun besoin d'être fort multipliées
pour exercer leur empire naturel avec une salutaire
plénitude.

Salut et fraternité.

Auguste Comte.

P.-S. — Quelques heures d'un loisir inattendu
m'ont permis avant-hier d'honorer votre intéressant
opuscule d'une de mes rares exceptions à l'heureuse
hygiène cérébrale qui, depuis de longues années,
m'interdit toute autre lecture que celle des grands
poètes occidentaux anciens et modernes. Le titre
m'avait vivement attiré, d'après l'espoir, ainsi réalisé pleinement, de ne pas trouver une vaine éru-
dition, mais un vrai travail social. Cette lecture m'a
tellement frappé que je n'ai pu m'empêcher de mé-
diter spécialement sur cette importante question,
envers laquelle mon point de vue habituel m'a bientôt inspiré le projet d'une solution différente de la
vôtre.

APPENDICE

UNE LETTRE DE MADAME COMTE

1850.

Madame **COMTE** à *Monsieur* **BINEAU,**
Ministre des Travaux publics (1).

(Extraits conformes).

Paris, le 26 mars 1850.

Monsieur,

M. Littré, en son nom et au nom de quelques disciples zélés de M. Comte, est venu me demander quelle était votre décision; je n'ai rien pu répondre.

J'ai eu l'honneur de vous dire que M. Comte est un homme européen avec trois cents personnes derrière luï; c'est bien peu, mais trois cents hommes honnêtes et d'un esprit sérieux, c'est beaucoup. Ceux de ses disciples qui sont étrangers prennent autant d'intérêt à la reprise du cours que ceux qui pourront y assister. Ce sont, pour vous, des adversaires mais éclairés et loyaux, et qui se regarderont comme vos obligés. Avoir des débiteurs dans le camp opposé n'est jamais à dédaigner : en révolution, c'est une bonne fortune.

M. Vieillard connaissait très bien la fermeture du cours, et c'est sur son conseil que M. Comte a vu

(1) Nous avons cru devoir insérer cette lettre intéressante de Mme Comte, envoyée certainement avec l'approbation d'Auguste Comte et très vraisemblablement écrite sous son inspiration.

le Préfet de police actuel, lequel a déclaré qu'il ne se mêlait que de l'ordre matériel, et que, tant que cet ordre ne serait pas troublé, il n'avait rien à voir là-dedans. C'est alors que M. Comte vous a adressé sa demande.

M. Vieillard s'est hautement intéressé à la réouverture du cours. C'est son rassurant intermédiaire qui m'a permis de vous solliciter, malgré le précédent qui paraissait vous arrêter.... J'ai pu, sous cet honorable patronage, vous supplier d'accorder une salle, sans être ni légère ni indiscrète. Je vous renouvelle la prière de vouloir bien statuer vous-même. Abandonner M. Comte à l'Université, serait refuser de la manière la plus cruelle...... J'attends avec impatience que vous veuillez bien me faire connaître votre décision......

FIN DU QUATRIÈME ET DERNIER VOLUME.

TABLE ONOMASTIQUE

TABLE ONOMASTIQUE

*Les colonnes sont indiqués par des chiffres romains ;
les pages par des chiffres arabes.*

A

B

Dubois, IV, 189.

Dubreuil (D'), II, 337, 338, 378, 379 ; — IV, 9.

Duhamel, I, 36, 37, 41, 45 ; — IV, 172, 173, 246.

Dulong, I, 43, 49 ; — IV, 162, 164, 165, 166, 191, 208, 223, 249, 291.

Dunoyer, I, 316.

Duperrey (amiral), IV, 13.

E

Edger (Henry), I, 201, 306 ; — III, 327.

Egret, I, 228.

Eichthal (d'), I, 6.

Enfantin, III, 13.

Erskini Perry, IV, 304.

Espéronnier (colonel), IV, 223.

Etex, II, 150, 155, 160, 162, 174, 250, 251, 252, 254, 256.

Ewerbeck, II, 176.

F

Fabiani (Fabrizio), III, 296.

Feuerbach, IV, 117.

Ficquelmont (Cte de), IV, 84.

Fili, I, 322 ; — II, 160, 189 ; — III, 33.

Fisher (John), II, 182, 187, 189, 378.

Florez (don José), I, 190, 290, 323, 327 ; — II, 89.

Flourens, III, 316 ; — IV, 167.

Foley (Dr Édouard), I, 88, 190, 323, 327, 329, 330, 333, 334 ; — II, 122, 162, 172, 174, 175, 182, 187, 190, 192, 194, 284, 306, 313, 316, 324, 327, 329, 348, 363, 375, 381 ; — III, 44 ; — IV, 35.

Fontenelle, I, 83, 180, 181 ; — II, 301 ; — IV, 139.

Foucart (B.), I, 315, 317, 331.

Fourier [baron], I, 28, 37, 54 ; — IV, 147.

Francelle, II, 163, 253, 260 ; — III, 283.

Francelle (Mme veuve), I, 145, 146, 153, 154, 193 ; — II, 162 ; — III, 284.

François Ier, II, 87.

Franklin, I, 180.

Frossard (colonel), IV, 287.

G

Gagneur, II, 260, 263, 265, 284, 299, 312, 320, 334, 336.

Gaillourdet, IV, 33.

Galilée, III, 11.

Gall, III, 67, 112, 116, 316.

Geneviève (Sainte), II, 330.

Genlis (Mme de), I, 31.

Girardin (Émile de), II, 58 ; — III, 215.

Goethe, III, 273.

Gondinet, III, 3, 4.

Gresou, II, 114.

FIN DE LA TABLE ONOMASTIQUE

TABLES DES MATIÈRES

DES QUATRE VOLUMES

DE

LA CORRESPONDANCE D'AUGUSTE COMTE

TABLE DES MATIÈRES

DU PREMIER VOLUME

UNE LETTRE A MICHEL CHEVALIER

QUATORZE LETTRES A M. DE CAPPELLEN

UNE LETTRE A M. WILLIAMSON

UNE LETTRE A M. ALPH. LEBLAIS

VINGT LETTRES A M. PAPOT

TRENTE ET UNE LETTRES A M. EUGÈNE DEULLIN

UNE LETTRE A M. BALZAGETTE

DEUX LETTRES A M. FOUCART

NEUF LETTRES A M. LE BARON CONSTANT

TABLE DES MATIÈRES

DU DEUXIÈME VOLUME

Quarante et une Lettres a M. Hadery

TABLE DES MATIÈRES

DU TROISIÈME VOLUME

Seize Lettres a M. de Tholouze

Deux Lettres a M. le Capitaine Barbot

Une Lettre a Sir Robert Peel

Cinq Lettres a M. Vieillard

NEUF LETTRES A M. BENEDETTO PROFUMO

UNE LETTRE A M. DE LIMBURG-STIRUM

UNE LETTRE A M. POLONCEAU

QUATORZE LETTRES A MADAME E. DELHORBE

UNE LETTRE A MADAME VIRGINIE ROBINET

UNE LETTRE A M. SEBA SMITH

Quatre Lettres a M. Alfred Ribet

Une Lettre a M. Alexandre de Humboldt

Une Lettre a M. Alfred Sabatier

Une Lettre a M. de ***

Une Lettre a M. J. Winstanley

Appendice

TABLE DES MATIÈRES

DU QUATRIÈME VOLUME

Deux Lettres a Mlle Comte

Une Lettre a Madame Françoise Jourdan

Trois lettres a M. le Docteur Pinel-Granchamp

Une lettre a Madame Clotilde de Vaux

Douze Lettres a M. et Madame Marie

Neuf Lettres a M. Lenoir

UNE LETTRE A M. D'AGUIAR

CINQ LETTRES A MADAME COMTE

ENSEIGNEMENT — CARRIÈRE POLYTECHNIQUE

LETTRES DIVERSES

SUPPLÉMENT

APPENDICE

FIN DE LA TABLE DES MATIÈRES

CHATEAUDUN

IMPRIMERIE DE LA SOCIÉTÉ TYPOGRAPHIQUE

www.ingramcontent.com/pod-product-compliance
Ingram Content Group UK Ltd.
Pitfield, Milton Keynes, MK11 3LW, UK
UKHW020123130726
13696UKWH00001B/179